Lo que debemos decir hoy… los poetas

Was wir Dichter heute zu sagen haben

POETAP
POETAS DE LA TIERRA
Y AMIGOS DE LA POESÍA

© Texto: Los autores
© Coordinador: Andoni K. Ros Soler
© Imagen de cubierta: Vvvita / Adobe Stock

Editorial Juglar, 2016

www.editorialjuglar.com
info@editorialjuglar.com

1ª edición: abril 2016

ISBN: 978-84-944552-5-4
Depósito Legal: TO 491-2016

Impreso en Antequera (Málaga)
Printed in Spain

Editado por Editorial Juglar en Ocaña (Toledo)

VORWORT

Die Dichterbegegnung in Berlin feiert ihr 20jähriges Bestehen in diesem Frühjahr vom 25. bis 29. Mai 2016 mit mehreren kulturellen Veranstaltungen. Die Dichtervereinigung POETAP („Dichter der Erde und Freunde der Poesie"), eine der Organisatoren dieses großartigen Ereignisses in Berlin hat Dichter aus verschiedenen Ländern eingeladen, ihre Stimmen zu vereinen, um das *Globale Dorf* zu schaffen und eine bessere Welt zu erringen, die schöner und menschlicher ist. Um diesen Traum zum Leben zu erwecken, müssen wir ihn hoch halten und uns bewusst machen, um ihn zu einer realisierbaren Utopie unserer Zeit werden zu lassen.

Was wir Dichter sagen müssen ist ein Schiff beladen mit poetischem Gefühl und Herz, das alle Ufer erreicht. Von POETAP wurde dies erarbeitet und koordiniert und in Zusammenarbeit mit bedeutenden Kultureinrich-tungen in Berlin realisiert wie mit dem Verein Bürgersaal Alte Schule Berlin-Adlershof, dem CUM LAUDE der Humboldt – Universität, der Bürgerinitiative Hohenschönhausen, den Poeten vom Müggelsee, dem Friedrichshagener Verswerkstatt und Melopoefant, aber auch von spanischen und lateinamerikanischen Dichter und Dichterinnen, die in der internationalen Vereinigung POETAP, Arte Total (Madrid) und der Schreibwerkstatt Verbalina (Toledo) vertreten sind.

Diese Anthologie enthält Literatur der Avantgarde, die die Zeit hin zu ihrem historischen Verlauf treibt, denn die Dichtung unserer Zeit wird mit der Ladung der rezeptiven globalen Emotion gemacht und mit der entsprechenden Entladung des Verstandes und des unterschiedlichen Wortes.

José Pablo Quevedo und Andoni K. Ros Soler

6

PRÓLOGO

Se van a cumplir 20 años de la Cita de la Poesía, la cual será celebrada en la primavera berlinesa con varios programas culturales entre los días 25 y 29 de mayo de 2016. El movimiento POETAP (Poetas de la Tierra y Amigos de la Poesía), uno de los colaboradores de este magno evento en Berlín, ha invitado a poetas de varios países a unir sus voces para forjar la *Aldea Global* y lograr un mundo mejor, más bello y más humano; pues, a ese sueño y a su despertar, hay que elevarlo y hacerlo consciente y desplazarlo hacia la utopía realizable de nuestro tiempo.

Lo que debemos decir hoy los poetas es una nave cargada de sienes y corazón poéticos que llegará a todas las orillas; tal es así que ha sido elaborada y coordinada por POETAP, y realizada en colaboración con importantes centros culturales de Berlín, entre otros: Verein Bürgersaal Alte Schule Berlin – Adlershof, Köpenicker Lyrikseminar/Lesebühne der Kulturen Adlershof, CUM LAUDE Humboldt - Universität, Bürgerinitiative Hohenschönhausen, die Poeten vom Müggelsee, Friedrichshagener Vers-Werkstatt y MeloPoeFant; pero también con poetas españoles y latinoamericanos reunidos por la asociación internacional POETAP, Arte Total (Madrid) y la Escuela de Escritura Verbalina (Toledo).

Esta Antología contiene una literatura de vanguardia que pulsa e impulsa el tiempo hacia su devenir histórico; pues La Poesía de nuestro tiempo se hace con la carga de la emoción receptiva global y con la respectiva descarga del raciocinio y la palabra diferente.

José Pablo Quevedo y Andoni K. Ros Soler

7

CHARLOTTE GRASNICK

(* 26. September 1939 in Berlin; † 23. April 2009 in Berlin), eine deutsche Lyrikerin, die in Berlin lebte und arbeitete. Mitglied im Deutschen Schriftstellerverband. Sie studierte Gesang an der Hochschule für Musik „Carl Maria von Weber" in Dresden, gehörte zum Ensemble der Komischen Oper Berlin unter unter Walter Felsenstein. Von 1975 bis 2009 leitete sie gemeinsam mit Ulrich Grasnick das Köpenicker Lyrikseminar und die Lesebühne der Kulturen Adlershof. Veröffentlichungen (Auswahl): *Flugfeld für Träume* (1984), *Blutreizker* (1989), *Nach diesem langen Winter* (2003), *So nackt an Dich gewendet* (2010) und *Charlotte Grasnick (Poesiealbum 2015)*. Eine Auswahl ihrer Gedichte wurden von dem peruanischen Dichter José Pablo Quevedo ins Spanische übersetzt und veröffentlicht.

Nació el 26 de septiembre de 1939 en Berlín; y murió el 23 de abril de 2009 in Berlín). Poeta lírica alemana que vivió y trabajó en Berlín. Era miembro de la Sociedad de Poetas Alemanes. Estudió canto en la Escuela Superior de Música "Carl Maria von Weber" en Dresde. Y perteneció al conjunto de la ópera cómica de Berlín bajo la conducción de Walter Felsenstein. Desde 1975 dirigió conjuntamente con Ulrich Grasnick, el Seminario Lírico de Köpenick y la Tribuna de Lecturas para las Culturas de Berlín-Adlershof. Entre una selección de sus publicaciones se cuentan *Flugfeld für Träume* (1984), *Blutreizker* (1989), *Nach diesem langen Winter* (2003), *So nackt an Dich gewendet* (2010) y *Charlotte Grasnick Poesiealbum* (2015). Una selección de sus poemas ha sido traducida y publicada por el poeta José Pablo Quevedo.

Traductores: Bárbara Krüger de Quevedo y José Pablo Quevedo (Berlín, Alemania)

Radioscopia[1]

Delante de mí en la pantalla
mi estado interno:
curioso dibujo
en la imagen reflejada de la carne.

Ahí la columna vertebral
es un árbol joven
con finas ramas,
y un nido lleno de pájaros
el aleteo del corazón.

Hay temor
ante el juicio emitido
sobre la sombra
dentro de mí.

Pero quién investiga
aquella sombra
que arde fuera de mi piel
que está pasando
afuera
por la ventana
sin encontrar el sueño.

---

[1] Del libro *Campo de sueños*

Durchleuchtung[2]

Vor mir das Plakat
meiner inneren Verfassung:
seltsame Grafik
im Spiegelbild des Fleisches.

Da ist das Rückgrat,
ein junger Baum
mit feinem Geäst,
und ein Nest voller Vögel
das flatternde Herz.

Da ist die Furcht,
welch ein Urteil gefällt wird
über den Schatten
in mir.

Wer aber durchleuchtet
jenen Schatten,
der außerhalb meiner Haut brennt,
der draußen
vor dem Fenster vorbeigeht
und findet keinen Schlaf.

---

[2] Aus dem Buch *Flugfeld für Träume*

Modelo

Estoy sentada
en el corredor visual
de tus preguntas.

Cuando respiro
sin poder moverme
me atormenta
esta inmovilidad.
Y deseo entender
por qué me pongo
en esa prisión
voluntariamente.

Ahora pintas mis ojos,
de pronto mi boca...
allá se eleva un pájaro,
el gato salta maullando
de la ventana al suelo.

Modellsitzen

Ich sitze
im Blickkorridor
deiner Fragen.

Wenn ich
unbewegt atme,
Stillsitzen
zur Qual wird,
möchte ich begreifen,
warum ich in dieser
Gefangenschaft
freiwillig bin.

Jetzt malst du mein Auge,
jetzt meinen Mund...
da fliegt ein Vogel auf,
die Katze springt
schreiend vom Fenster.

ELISABETH HACKEL

* 1924 in Roßlau geboren; † 2011 in Berlin. Studium der Pädagogik an der Humboldt-Universität Berlin, lebte seit 1953 in Berlin. Verwitwet, ihre beiden Söhne starben 1987 bzw.1996. Sie war seit 1975 Mitglied des Köpenicker Lyrikseminars, jetzt Karlshorster Lyrikkreis. Veröffentlichugen in Anthologien. 1994 eigener Gedichtband *Luftwurzeln*. 2004 *Frei werden für Licht*, und Ausgewählte Gedichte, Lima 2005.

Nació en Roßlau en 1924; † 2011 en Berlin. Hizo estudios de Pedagogía en la Universidad de Humboldt en Berlín. Trabajó de profesora en un colegio. Fue fundadora del círculo de poesía en Berlín-Köpenick, hoy Karlshorster Lyrikkreis. Tiene varios libros publicados con ilustraciones de diversos artistas alemanes, también figura en diversas antologías y ha sido traducida al idioma castellano para diversas revistas de Perú, Uruguay y España (2005-2008). Ha publicado los libros *Luftwurzeln* (1994) y *Frei werden für Licht* (2004).

Traductores: Bárbara Krüger de Quevedo y José Pablo Quevedo (Berlín, Alemania)

Verano en Köpenick

La isla reposa tranquilamente
en el brazo del río.
Los cisnes silenciosamente
dan vueltas en el agua,
e intensos como un verano ardiente
se oyen los gritos agudos de los pavos reales.

En el río tu imagen
El tiempo del agua
pasa por delante de nosotros
y las olas traen el brillo
a nuestro verano.

Köpenicker Sommer

Die Insel ruht sich still
im Arm des Flusses aus.
Lautlos Schwäne ziehn
ihren Kreis
und grell wie heißer Sommer
schriller Pfauenschrei.

Im Fluss dein Spiegelbild–
Die Zeit des Wassers
rauscht an uns vorbei
und Wellen tragen Glanz
in unsren Sommer.

Saúco

Nos sentábamos debajo del saúco.
Estaba plantado en nuestro patio,
hasta que estorbaba al hormigón.
"Manzana, naranja y pera,

tú te quedas fuera",
decíamos de niños
creyendo que era solamente un juego.
El patio se ha vuelto silencioso.
A veces una urraca
sobre el techo del garaje grazna:
chac, chac, chac,
manzana, naranja y pera
chac, chac, chac,
manzana, naranja y pera
tú te quedas fuera.

Holunderbaum

Wir saßen unterm Holunderbusch.
Er stand in unserem Hof,
bis er dem Beton im Weg war –
Ene, mene, mu,

raus bist du,
zählten wir als Kinder
und glaubten, es sei Spiel –
Der Hof ist still geworden –
Manchmal eine Elster
auf dem Garagendach –
tschak tschak tschak
ene mene mu
tschak tschak tschak,
raus bist du.

HARTMUT SÖRGEL

Hartmut Sörgel: geboren 1940, er starb 2015 in Berlin. Studium der Germanistik und Indologie in Halle. Er war ein sehr vielseitiger Mensch, in einem biografischen Text beschrieb er sich folgendermaßen: „Maler, Dichter und Wörterjongleur". Zu seinen Veröffentlichungen zusammen mit anderen Autoren gehören: *MeloPoeFant* (Berlin 1996, *Sismo Poético Resistente* (Berlin 1997), beides veröffentlicht in Ediciones der Trilce-Gesellschaft Berlin. Im selben Verlag publizierte er den Gedichtband *Städte sind Inseln in der Sprache der Schmetterlinge* (1997). Er beteiligte sich mehrmals mit seinen Gedichten und Bildern an den Le-sungen zu den Dichterbegegnungen Berlin-Lateinamerika.

Hartmut Sörgel: nació en 1940; † en 2015 en Berlín. Estudió Germanística e Indología en la ciudad de Halle. Fue un hombre polifacético y, como él mismo en una biografía lo definió, "pintor, poeta, lingüista y malabarista de palabras". Entre sus publicaciones con otros autores se cuentan: *MeloPoeFant* (Berlín,1996) y *Sismo Poético Resistente* (Berlín, 1997), editados en Ediciones Trilce-Gesellschaft, Berlín. También en la misma editorial publicó el libro de poemas: *Städte sind Inseln in der Sprache der Schmetterlinge* (1997). Hartmut Sörgel participó con sus poemas y cuadros en varias Citas de la Poesía Berlín-Latinoamérica.

Traductores: Bárbara Krüger de Quevedo y José Pablo Quevedo (Berlín, Alemania)

El texto

Yo escupo el texto.
El texto escribe las imágenes.
Las imágenes soy yo.
La escritura me convierte
en un texto bien estilizado.

Pero yo podría ser también tú.

Entonces a tí también te escupe el texto,
o lo que es peor
las imágenes te escriben a ti.
El texto soy yo.

Tú formas el texto bien descrito.

Pero tú podrías ser también yo.
Entonces el texto me escupe a mí.
Tú me escribes a mí.
La escritura soy yo.
El texto escupe.
El escritor anula.
Tú eres yo.
Y yo el texto.
El texto escupe.
El escritor escribe.
Tú eres tú.
Yo
el texto.

Melopoefant y su sombra

bailan
con el espejo
teatro chino
le pone la zancadilla
se reflejan
se enemistan
en dos gemelos
 homocigóticos
el gemelo
reta a su gemelo en el
espejo
a un duelo
y se come el espejo
¿cuánto me quieres?
estoy con mi buena suerte
¡increible!
yo no sé nada
sé
que yo no
sé nada

al menos
que yo sepa
que soy
un agujero negro
por donde el saber
se cae
y es hecho pedazos
por nada
y no sé nada
soy
  era
    seré
      fui
        habría sido
si hubiera sido
lo que fuerasi hubiera
sabido
lo que no sé
nada.

Melopoefant und sein schatten

tanzen allein
mit dem spiegel
schattentheater
er stellt ihm ein bein
sie spiegeln sich
sie entzweien sich
in zwei eineiige zwillinge
der zwilling
fordert seinen
zwilling im spiegel
zum duell
und frisst den spiegel auf
wie sehr liebst du mich?
ich bin guter hoffnung
unglaublich!
ich weiß nichts
ich weiß
dass ich
nichts weiß
soweit

ich weiß bin ich
ein schwarzes loch
worein das wissen
stürzt
zu nichts und zerrissen
wird
und ich weiß
nichts
ich bin
  war
    werde
      würde
        war geworden
würde geworden sein
wenn ich geworden wäre
was ich sein würde
wenn ich gewusst hätte
was ich nicht weiß
nichts

ALICIA N. ABURTO

Alicia-Noemí Aburto Salazar, nace Camagüey, en el Centro de Toltén (Chile, 1975). Poeta y guitarrista, doctorada en Derechos Humanos. Representante del Chile Araucano y de la ONU como defensora de los pueblos originarios de América. Incansable en la lucha por la Memoria Histórica y heroína de la defensa y libertad para su pueblo. Estamos orgullosos de que esté con nosotros.

Alicia-Noemí Aburto Salazar, geboren in Camagüey Centro Toltèn (Chile, 1975). Dichterin und Gitarristin, Doctorin in DDHH und Hoch Vertreterin von Araucania Chilena, Botschafterin aus Amerikanischen Ursprünglich Volkën duch ONU, promovierte zum Thema Menschenrechte und ist Hochvertreterin vom Araukanischen Chile, Botschafterin der amerikanisch ursprünglichen Völker durch die ONU. Rastlos und kämpferisch für ein Historisches Gedächtnis und Heldin in der Verteidigung von Freiheit für ihr Volk. Wir sind stolz, dass Sie bei uns ist.

E-mail: aliciandemiaburto@hotmail.com
Traductor: Luis Fdez. Muñiz-Rodríguez (San Yago de Compostela–Hamburg).
Rohübersetzung.

Guasa Kriegerische frau, für dich meine geliebte enkelin

¡¡¡Guasa Kriegerische frau!!!
Bin ich und viel stollz schönes frauen
Vertreterin von meine
¡Guasa Araucana bin ich ich sage das mit viel Stolz!
Ich habe meine ganze Heimat bereisen
 von Norden bis Süden.

Gott weiss warum sage ich das.
Deine Grossmutter hat den Wegchen mit Stachels durchlaufen,
¡für dich alle deine Wegen sauber machen!
Neben mein Weg Doñita Normita Blumen,
das muss du nie vergessen kindchen von meine Liebe.
Und wenn ich bin von dir weit,
ist nur weil das Schicksal ausgeprägt hat.

Aber es bedeutet nich
¡das du und mein Chile sind nich bei mir!
¡Ich sage das so weil ich will das unser
Angewohnheit und Kultur, nicht verloren!
Und so nich mehr.
Ich verabschiede mit meine bescheiden Paya,
auch eine Populär, angewohnheit und chilenisch.
Wenn jemand das liest... für meine süssspeise Chileniche Guasa.

¡Viva Chile!... ¡Viva mi alma!

Guasa Araucana soy, para ti, mi querida nieta

¡¡¡Guasa Araucana soy!!!
Y lo digo con mucho orgullo,
representante de mis hermanas mujeres
y toda mi gente campesina.

Lo digo así, con todo mi amor,
para la Novena Región,
porque ahí permanece todo mi corazón.

¡¡¡Guasa Araucana soy!!!
Y lo digo con mucho orgullo.
¡He recorrido mi Patria entera, de Norte a Sur,
los dioses saben por qué lo digo!...

¡Tu abuela ha recorrido el caminito
llenito de espinas
para limpiarte a ti todito el camino!
Junto a mi senda, la doñita Normita Flores,
que eso nunca se te olvide a ti, niñita de mis amores;
y si estoy lejos de ti, es porque así lo marcó el destino.

Pero eso no quiere decir
que tú y mi Chile no estéis conmigo.
Te lo digo así, para que no se pierdan
nuestras costumbres ni mi cultura;
y así no más me despido, con una humilde "paya"
costumbre popular chilena,
para quien la lea, y para mi linda "Guasa" chilena.

¡Viva Chile!... ¡Viva mi alma!

Abel Barcenilla Yanguas (Euskadi)

MARIBEL ALONSO

Maribel Alonso Lancho, nace en Extremadura (1950). De raíces asturianas, realizó estudios de psicopedagogía y educación especial, sector en el que trabaja. Sencilla e intimista, percibe la dureza y la injusticia y se recuerda desde siempre escribiendo historias de vida, poesía y cuentos para niños y adultos. Ha sido miembro del Tribunal Internacional contra el trabajo infantil en México (1996) y ha participado en numerosos recitales, tanto en España como fuera de ella. Editada en cuatro antologías compartidas con poemas de sus cinco poemarios inéditos.

Maribel Alonso Lancho, Geboren in Extremadura (1950), mit asturischen Vorfahren, studierte psychologische Erziehungswissenschaften und Sonderpädagogik, in welchen Bereichen sie auch arbeitet. Schlicht und intim, erfasst sie die Fatalität und die Ungerechtigkeit. Sie schreibt Geschichte über das Le-ben, Dichtungen und Erzählungen für Kinder und Erwachsene. Sie ist Mitglied der internationalen Vereinigung gegen Kinderarbeit in Mexiko und hat an zahlreichen nationalen und internationalen Lesungen teilgenommen. Ihre Texte wurden in vier Anthologien veröffentlicht.

E-mail: ojosalbos2000@yahoo.es
Traductora: Annika Sterk (Hannover, Alemania – Madrid)

Sachsenhausen hat sich grün gefärbt
(Nach einem Besuch des Konzentrationslagers 2012)

Es war ein Zuschlagen des Lichts und der Erinnerung
für die aufgewühlten Neuronen,
den Geruch der Asche wahrnehmend,
immer noch warm
und der Schmerz des Blutes,
spritzend auf den weißen Kacheln
des improvisierten Schlachthauses;
Die Berührung des Holzes
der Pritsche des schwärzenden Feuers,
von dem verkrüppelten Tisch des Refektoriums,
die Wunden zeigend, immer noch das Trauern,
die Narben verkleidet mit der Arbeit
des Leders, welches eines Tages menschliche Haut war,
lebende Wesen massakriert, deren Körper
in ein Traum verwandelt wurden.

Der Magen sagte wo er wohnt
und ging fort um sich mit dem Himmel zu treffen,
Diese Vision war nicht besser; in ihm,
sowie in den Augen, schlug er ein
der Verbrennungsofen!
Immer noch ist der Rauch zu sehen
der Knie, stumm, bittend
um Vergebung gerichtet an sie und an uns,
die wir sie der Reihe nach besuchen
ihr schlafendes Skelett; und diesen Ort
nehmen wir mit, eingeimpft von der Geschichte
kam zum Vorschein aus der Haut,
unmögliche Entschuldigen bittend
mit falschen Worten, die es nicht gibt
in dem Wörterbuch des Lebens.

Hinaus schauend hinter den Gittern,
der Ort sticht sich in die Unendlichkeit;
wir schreiben aus unserem Inneren
eine Mitteilung an sie,
sie ist bitter und lebendig.
Wir bitten „Worte von der Erde"
und eine andere Farbe zu säen,
damit Sachsenhaus grün geboren wird.
Sachsenhausen...

Sachsenhausen se hizo verde
(Después de visitar este campo de concentración en 2012)

Fue un portazo de luz y de memoria
en las neuronas aturdidas,
percibiendo el olor de la ceniza
aún caliente
y el dolor de la sangre
salpicado en el blanco azulejo
del improvisado matadero;
el tacto de madera
del camastro de fuego ennegrecido,
de la mesa refectorio mutilada
mostrando, aún de luto, las heridas,
revestidas cicatrices de un trabajo
en el cuero que, un día, fue piel humana,
seres vivos masacrados que hicieron
del cuerpo una quimera.

El estómago dijo dónde habita
y salió a encontrarse con el cielo,
no fue mejor esa visión; en él,
como en los ojos, se clavó
¡La chimenea!
Aún puede verse el humo
de rodillas, silencioso, pidiendo
el perdón a ellos y a nosotros
que por turno visitamos
su esqueleto adormecido; y esta tierra
que llevamos inyectada por la Historia,
salió a flote de la piel,
pidiendo disculpas imposibles
con falsas palabras que no existen
en el diccionario de la vida.

Mirando al exterior desde la reja,
el espacio se clava al infinito;
escribimos desde las vísceras
una nota para ellos,
es amarga y vital.
Pedimos palabras de la tierra
y sembrar otro color,
para nacer verde Sachsenhausen.

ALMUT ARMÉLIN

1941 in Halle/Saale geboren, lebt und arbeitet seit 1961 in Berlin. Von 1961 bis 1965 Studium der Volkswirtschaftslehre an der Humboldt-Universität in Berlin. Berufliche Tätigkeiten als Diplom-Wirtschaftlerin u.a. in wissen-schaftlichen Einrichtungen und im Akademie- Verlag, ehrenamtlich tätig in verschiedenen Verbänden, u.a. im Deutschen Staatsbürgerinnen-Verband e.V.. Seit 2014 Mitglied des Köpenicker Lyrikseminars / der Lesebühne der Kulturen. Schreibmotivation: „... möchte im Lesen und Hören das Ich und das Du im Anderen suchen, das Wir ausfindig machen". Erstveröffentlichung in der Anthologie *Seltenes Spüren* (2015).

Nació en 1941 en Halle/Saale. Vive y trabaja en Berlín desde 1961 donde, hasta 1965, realizó sus estudios de economía en la Universidad de Humboldt. Trabajó como economista diplomada en varias instituciones y en la editorial de la Academia de Ciencias. También de forma honorífica trabajó en algunas asociaciones, entre otras, en la Sociedad Alemana de Ciudadanas. Desde 2014 es miembro del Seminario Lírico de Köpenick y de la Tribuna de Lecturas para las Culturas. Su motivación: Quiere buscar al leer y escuchar el yo y el tú en el otro, y encontrar así al "Nosotros". Su primera publicación la realizó en la antología *Seltenes Spüren* (2015).

Traductores: Bárbara Krüger de Quevedo y José Pablo Quevedo (Berlín, Alemania)

El otro

Para Ulrich G.

El otro estuvo
en mis pensamientos
indiscernible.

¿Soy yo la misma,
es un desconocido,
una desconocida dentro de
[mí?
¿En qué estado de ánimo
me reconozco?

Me gusta
cuando a mi propia manera
puedo ser como soy
y que tú tengas a bien
cuando escribo.

Oigo hablar de una casa que
[tembló,
pero que no se cayó.

Está bien
no haber perdido
el suelo bajo los pies,
no ser junco

en los brazos del viento.
Qué firmeza tiene
el tallo a pesar de todo.

Mi vida
como el barro
flexible
no arena movediza
de rayos penetrantes del sol,
barro en las manos,
húmedo,
al empinarse
firme

Ansiedad,
siendo lo primero
era un todo.

Reconozco
que uno como tú
sabe hablar así.

Los puntos de partida
son los más convenientes
en una relación.

Der Andere (1)

Für Ulrich G.

Der Andere
war in meinen Gedanken
nicht mehr auszumachen.

Bin ich es selber,
ist es ein Fremder,
eine Fremde in mir?
In welcher Stimmung
erkenne ich mich?

Es ist schön,
wenn ich so in meiner Art
da sein kann und
du es schön findest,
wenn ich schreibe.

Höre von einem Haus,
das schwankte
und nicht zerbrach.

Gut ist es,
den Boden
unter den Füßen
nicht verloren
zu haben,
nicht Schilf

im Arm des Windes
zu sein.

Wie fest der Halm
dennoch blieb.

Mein Leben
wie Lehm,
nachgiebig,
nicht Treibsand
erstarrter
Sonnenstrahlen.
Lehm in Händen,
feucht,
ins Aufbäumen
gebunden.

Sehnsucht.
Da sie das erste war,

Augenfällig,
dass einer wie du,
so zu reden vermag.

So sollten
Anknüpfungen
nicht fehlen.

Abel Barcenilla Yanguas (Euskadi)

DOROTHEE ARNDT

(*) 06.06.1980 in Rostock. Dipl. Grafikdesignerin (FH), Heilpraktikerin. freiberufliche Tätigkeit als Malerin, Grafikdesignerin und Therapeutin. Veröffentlichungen in : „...noch einmal steigt der Sommer", Gedichte der Lyrikbuche, 2013. *Risse*, Zeitschrift für Literatur in Mecklenburg und Vorpommern, Ausgabe 32, 2014. „Windflüchter flüchten nicht", Gedichte der Lyrikbuche, 2014. „Seltenes spüren", Gedichte, Edition Zeitsprung, 2014.

Nació el 6 de junio de 1980 en Rostock, diplomada en diseño gráfico (Escuela Técnica Superior) y naturópata. Profesión libre: pintora, diseñadora gráfica y terapeuta. Ha publicado en "...noch einmal steigt der Sommer", Poesías y libros de lírica, 2013. *Risse*, Revista para Literatura en Mecklemburgo. Antepomerania, N° 32. 2014. *Windflüchter flüchten nicht,* Poesías y libros de lírica, 2014. *Seltenes spüren,* Poesías, edición Zeitsprung, 2014.

Web: www.dorothee-arndt.de
Traductores: Bárbara Krüger de Quevedo y José Pablo Quevedo (Berlín, Alemania)

Hadas del pantano

I.

toman bebidas soporíferas
del pantano
alegría desbordante de las moras que embriagan
en el levitar sin esfuerzo alguno
dejan su aliento en el velo
de la oscuridad de la sombra
que hace la luna llena

con voces finas llevan la luz
al arriate lejos de los humanos
de flores, sueño y endrina
se detienen sólo en el valle inacabado
sin tocar el nivel de agua
ni el rocío del silencio

II.

una canción
bajo sus alas de serafín
sonando de ramas y ramitas que tiemblan
eleva el suelo
se sumerge en
las nieblas que se asientan
en el rocío del sol
y vuelve a crecer realmente
gota por gota
del brillo del tiempo

se envuelven
en los hilos finos de la ciperácea
y tiñen vestidos
púrpureos
ante el día que se inclina

Moorfeen

I.
sie trinken nachtgetränke
aus dem moor
rauschbeerenübermut
im mühelosen schweben
ziehen sie ihren atem aus dünnem flor
im schattendunkel
aus lichtweisem mond

feinstimmig tragen sie das licht
in das menschenferne beet
aus blüten, schlaf und schlehen
verweilen sie nur im unfertigen tal
und rühren nicht am spiegel des wassers
am tau der stille

II.
ein lied
unter ihren seraphischen schwingen
tönend aus ästen und zitternden zweigen
hebt den boden an
versinkt schon wieder
in der zärtlichen niederlassung
des nebels
im sonnentau fürwahr
wächst tropfen für tropfen
neu aus dem glänzen der zeit

sie hüllen sich
in die feinen fäden des wollgrases
und färben uns kleider
aus purpurfarbenem
vergehen des tags

ANTONIO ARROYO

Nace en Santa Cruz de La Palma en 1957, es Licenciado en Filología Hispánica por la ULL. Ha sido colaborador de en varias revistas digitales y en papel. Poemarios: *Las metamorfosis*, *Esquina Paradise*, *Caballo de la luz*, *Symphonia*, *Sísifo Sol*, *Subirse a la luz* y *Poética de Esther Hughes*. Ha publicado la plaquette *Material de nube* y el ensayo *La palabra devagar*. Ha participado en varias antologías como la *Antología de Miguel Hernández*, con motivo de la celebración del centenario del poeta; *Galaxias,* etc. Participó en el Homenaje de Poetas del Mundo a Miguel Hernández (junio de 2010). Es miembro de la Nueva Asociación Canaria para la Edición (NACE).

Geboren in Santa Cruz de La Palma in 1957, Abschluss in Spanisch Philologia an der ULL. Er war auch Mitarbeiter in mehrere digitale Zeitschriften oder Papier. Bücher mit Gedichten: *Las Metamorfosis, Esquina Paradise, Caballo de la Luz, Symphonia, Sísifo Sol, Subirse a la Luz* und *Poética de Esther Hughes*. Plaquettes wie *Material de nube.* Essay, *La palabra devagar.* Er hat in mehreren Anthologien teil so wie *Anthologie von Miguel Hernández,* wegen die Hundertjahrfeier von Miguel Hernández, *Galaxias,* etc. Er hat teil in der Hommage an Dichter der Welt für Miguel Hernández (Juni 2010). Er ist Mitglied von Neue Kanarischen Vereinigung für Ausgabe (NACE)

E-mail: anthonystram1957@gmail.com
Traductores: Annika Sterk (Hannover, Alemania – Madrid) y Luis Fdez. Muñiz-Rodríguez (San Yago de Compostela – Hamburg).
Rohübersetzung.

Blume oder abgrund[3]

I.

Ich weiss nicht was ist mit die Landschaft
der Dichter, er werde traurig sein und weinet,
die Orientierung verliert gerade
und ist fast Vogel.
Sind nicht mehr als drei Steine in sein Platz.
Und, trotzdem, der tief knattern
über die Wasser dem Brand anzünden
vön ein durchgegangen Baum. Die Wohnung,
familienangehöriger Echo; plötzlich,
da sind wie immer gehalten
die Sonnenstrahl zu Mittag.
Besonders du, der tágliche Rose abwartes. Aber ich weiss nicht
was mit Gedicht und Gegend ist.
weil jetz alle ist Blume oder Abgrund.

II.

Du bist du und meine Umstände,
aber ich verstehe nicht der Geschmack
von die kalte mandrágora.

Und sehe das ich verstehe dich: wenn du bist ich
und ich deine Umstande...
Aber es ist das jetz ich spräche nicht
die Spräche von Schlange
auch nicht der Geklirre
vor die Biss.

Wir sind eins und diese zivil Pakt
von eigentlich Misswirtschaft
unmöglich ist.

---

[3] Von das Buch *Mis intimas enemistades* (2014)

No sé qué pasa con el poema[4]

I.
No sé qué pasa en el poema
del poema, se pone triste y llora,
se desorienta al punto y casi es pájaro.

No son más que tres piedras en su espacio.
Y, sin embargo, el hondo crepitar
sobre las aguas prende los incendios
de un árbol desbocado. La casa,
los ecos familiares: de repente
ahí están como siempre blandiendo
los haces de la luz del mediodía.

Y sobre todo, tú, que esperas
la rosa cotidiana. Pero no sé qué le pasa
al paisaje del poema
que ahora todo es flor o precipicio.

II.
Tú eres tú y mis circunstancias,
mas no entiendo el sabor
de la fría mandrágora.

Y mira que te entiendo: si tú eres yo
y yo tus circunstancias…
Pero es que ya no hablo
la lengua de los crótalos
ni el breve tintineo
antes de la mordida.

Nosotros somos uno y es imposible
ese pacto civil del desgobierno propio.

---

[4] Del libro *Mis íntimas enemistades* (2014)

FRANCISCO CONDORI

Francisco Condori Miranda (Perú, 1969). Educador y poeta. Desarrolló estudios de Literatura en Perú y trabajó durante más de 15 años como profesor de Lengua y Literatura. Gana diversos concursos de poesía y participa en la creación de una revista universitaria así como de distintos grupos de poesía escolar. Publica en Alemania el poemario *Un espejo tras el muro* en coautoría con la poeta Lesli Molina (Honduras). Actualmente desarrolla estudios doctorales en la Universidad de Hamburgo.

Francisco Condori Miranda (1969 Peru). Lehrer und Dichter. Er hat Literatur in Peru studiert und hat mehr als 15 Jahre als Lehrer für Sprache und Literatur gearbeitet. Außerdem hat er an verschiedene Poesie Wettweberbe teilgenommen und mehrere davon gewonnen. Unter anderen literarischen Aktivitäten hat er bei der Gründung des Hochschulmagazin „Einen spiegel sehen…" mitgearbeitet und danach hat er sich mit Gruppen der schulischen Dichtkunst beschäftigt. Im Jahr 2010 hat er die Gedichtsammlung „*Un espejo tras el muro*" als Mitverfasser mit Lesli Molina (Honduras) veröffentlicht.

E-mail: fico_cm@hotmail.com
Poemas traducidos por el propio autor.

Regen in Berlin

Regen in Berlin.
Sanfte Tropfen
verschwinden hinter den Dächern.

Regen,
Leute eilen.
Eilen.

Regen in Berlin.
An einem Tag im Frühling
mit Blumen, die ihre Frische besingen.

Der Regen wird stark,
stürmt,
reinigt,
weil noch Erinnerungen da sind
wie zerstreute Blüten
in verstummten Gärten.

Regen in Berlin.
Wasser rinnt.
Leute rennen.
Eilen.

Und heute,
nach so vielem,
wacht noch eine Seele ohne Schlaf.
Wartend...
auf dass der Regen nochmals reinigt.
Sie erinnert...
das Vergessen unserer Hände
oder einen scheuen Schmerzensblick

Regen in Berlin
und ich verstecke mich;
vor den Tropfen,
vor den Erinnerungen,
vor dem Vergessen.
Verstecke mich vor meinen Händen,
vor meinen Augen Blitzen gleich,
vor dem Echo der Tränen,
vor den Kindern,
vor den Menschen;
Regen in Berlin.

Llueve en Berlín

Llueve en Berlín.
Gotas suaves
se esconden tras los techos.

Llueve,
la gente corre.
Corre.

Llueve en Berlín.
En un día de primavera
con flores cantando su frescura.

La lluvia arrecia,
arremete,
limpia,
porque aún quedan recuerdos
como flores partidas
en huertos silenciados.

Llueve en Berlín.
El agua corre.
La gente corre.
Corre.

Y hoy,
después de tanto,
aún queda un alma sin dormir.
Esperando…
que esta lluvia limpie una vez más.
Que recuerde...
los olvidos de nuestras manos
o una esquiva mirada del dolor.

Llueve en Berlín
y me escondo;
de las gotas,
de los recuerdos,
de los olvidos.
Me escondo de mis manos,
de mis ojos como balas,
del llanto como eco,
de los niños,
de los hombres;

Llueve en Berlín.

La barca

Kamila Rguez. Aguilar (La Gomera)

WILFREDO DORADOR

Wilfredo H. Dorador Astudillo, participó en la 'Gira-Homenaje a Miguel Hernández' (España, 2010). *El Alfarero del Tiempo* (2007, premios CNCA, SECH y Colegio de Profesores); *Universo sin Orillas* (2011); 'Poesía Musicalizada': Orquesta Sinfónica de Antofagasta. Participó en el 'Festival Internacional de Poesía' (Argentina 2014). En el 'II Congreso Literario por la Paz e Identidad de los Pueblos' (Ecuador, 2015). Su obra ha sido comentada por la académica Irma Césped B. (Revista 'Contexto' de la UMCE), y por el Dr. Osvaldo Maya Cortés (miembro de la Academia Chilena de la Lengua).

DICHTER. Normale Lehrer, Sozialen Lehreramt, Ehrenurkunde Lehrstuhl UNESCO, Chile-Colombia. Ehrengast zu *"Gira de homenaje a Miguel Hernández"* España (2010). Bekanntmachung: *"El Alfarero del Tiempo"* (2007), belohnen für el Consejo Nacional de la Cultura y las Artes; la Sociedad de Escritores de Chile y el Colegio de Profesores. *"Universo sin Orillas"* (2011). Vorbereitung, *"Sinfonia en Re Bemol"* und *"Sinfonia en Sol-Mayor"*. Seine Poesie war musizieren für Punahue und la Orquesta Sinfónica de Anto-fagasta. Eingeladen für el Gobierno de Salta-Argentina al 'Festival Internacional de Poesía 2014'. In Februar 2015, war auch einladen zu 'II Congreso Literario por la Paz e Identidad de los Pueblos' (Ecuador). Beteiligt in evento 'Chile Pais de Poetas' (Pichilemu. 2015). Sein Gedicht Ist kommentiert für die 'Akademisch Irma Césped Benítez'; Revista Contexto de la UMCE und für Dr. Osvaldo Maya Cortés, Mitglied von die Academia Chilena de Lengua.

E-mail: wdorador@yahoo.com
Traductores: Luis Fdez. Muñiz-Rodríguez (San Yago de Compostela – Hamburg) y Annika Sterk (Hannover, Alemania – Madrid).
Rohübersetzung.

Matías Catrileo

So wie der Ozean in die Meere der Himmel eingemeißelt ist,
so lebe deine Anwesenheit in den Himmeln dieses Volkes.
So wie der Kosmos sich in den Flüssen und den großen Seen
[beobachtet.
So wie die Winde deiner Freiheit die Berge umarmen.
So vergrößert das Volk den Baum von deiner Brüderlichkeit.
heldenhaftes Erbe bist du; geerbter Dichter von allen Kämpfen.
In deinem so würdevollen Sein erhebt sich das Volk.
Die majestätischen Vulkane und die "Pehuenes"⁵ grüßen dich.
Du bist wie der Schnee ähnlich der Reinheit des Volkes,
und das neue Purén² unbezähmbar erhebt sich in dir:
Junger Mapuche-Kämpfer,
Matías Catrileo, Matías.
Nie wieder wird dem Mapuche Volk seine Erde weggenommen!
Nie wieder wird das System des Todes und auch nicht der
[angreifende Staat
die Kindheit zerstören und auch nicht die große Familie der
[Mapuche!
Deine Suche der Freiheit führt uns, ruft uns zusammen
mit der Stimme der Flüsse und der uralten Seen;
mit all deiner jugendlichen Schönheit deiner unvergänglichen
[Poesie!
Weichafe Matías, 'Catrileo', Matías...
...Amulepe Taiñ Weichan.

---

⁵ große chilenische Tannenbäume (Araukarie).

Matías Catrileo

Así como el océano está grabado a mares en los cielos
vive tu presencia en los cielos de este Pueblo.
Así como el cosmos se contempla en los ríos y en los grandes
                                                    [lagos.
Así como los vientos de tu libertad abrazan las montañas.
Así mismo el pueblo extiende el árbol de tu fraternidad.
Heroica herencia eres; Poeta heredero de todas las luchas.
En tu dignísimo ser el Pueblo se levanta.
Los majestuosos volcanes y los pehuenes de la Madre Tierra
                                                    [te saludan.
Eres como la nieve que semeja la pureza del Pueblo
y el nuevo Purén indómito se yergue en ti:
Joven guerrero Mapuche,
Matías Catrileo, Matías.
¡Ya nunca más el Pueblo nación reducido de espacios!
¡Ya nunca más el sistema de muerte ni el estado agresor
asediará la infancia, ni la gran familia Mapuche!
Tu presencia de Libertad nos guía, nos convoca
con la voz de los ríos y los lagos milenarios;
con toda la belleza joven de tu inmarcesible poesía!
¡Weichafe Matías Catrileo, Matías…
…Amulepe Taiñ Weichan!

Matías Catrileo

(Traducción al Mapuche Mapoudungun. Traductor: Feliciano
Huenten Naguin, Lonko de la Comunidad 'Chinko Foye')

CHUMNGECHI ÑI GÜNEKONKÜLEN TA KALFÜ
WENU TA LAFKEN MEW
MOGELEYMI TATY HUENÜ-MAPU MEÜ, TÜFACHI
TXOKIN LELFUN.
FEYTA NEULEN REKE RÜPAYMI AMÜY-TA
LEUFÜMU KA FEYMU PÜYTA FUTXA LAFKEMU.
FEYTA KÜRÜF-REKE ÜPUNYMI KIZÜLLEMAY
ROFÜLIMI TACHI PÜ MAWIZA.
FEY MÜ LLEMAY TAMI LOF WARYA NÜTXÜN
WECHÜY ALIWEN EYMI REKE
FUTXA WEICHAFE KIMÜN ELIMY EYMI; KIM CHE
EYMI KOMPLE-TA MULEYMI NEWEN
EYMITA FALINCHE TAMI LOF WARYAMEÜ
WITXAM PÜRA-LIMI
ALÜN FUTXAKE ZEYIÑ KA ALÜN PEHUENES
TXIPAY TA MAPUMÜ FEYTA CHALIEYMÜ
EYMITA TA TXANGLINREKE (ÜÑI) TA LIFKLIMI TA
MI LOF WARYA
WEGETUEL CHI PUREN ÑOGÜMPENOEL PUFA
LETUY EYMI MEW:
WECHE WENTXU AWKAFE MAPUCHE
MATÍAS CATRILEO, MATÍAS
ZEW FEM WELAYMÜN TACHI MAPU LOF MEÜ
PICHIKELEWIYIÑ TAYIÑ MULE-WENÜ
ZEW FEM-WELAYMUN MELEWELAYTA LANGÜMÜ-
WÜN TUFACHI WIRIKONCHI WEDAKE ZUGU
PÜLLEKONTULAYAY WEKE MOGEN, KA CHI
FÜTXA REÑAWEN MAPUCHE
EYMI WITXALEYMI KA AMÜLEYMI CHIÜ RÜME
FEYMÜ MULE POYIÑ

WIRAR-KLECHI LEÜFÜKOMÜ KA FEYCHI FÜTXA-
KÜIFI LEÜFÜMÜ
MÑA KÜME AD WECHE WENTXÜ FEWLA TAMI
AFPENOEL CHI AFMATUN!
WEICHAFE EYMI MATÍAS CATRILEO, MATÍAS.

...AMULEPE TAIÑ WEICHAN!

¿Quién guarda las memorias?

Annika Sterk (Alemania)

MARKO FERST

Geb. am 23. März 1970 in Rüdersdorf. Studium der Politischen Wissenschaften an der FU Berlin, von 1990 bis 1997 besuchte er die Vorlesungsreihe „Sozialökologie" an der Berliner Humboldt-Universität. Früherer Beruf Tischler/Bilderrahmer. 2006 deutsch-polnischer Literaturpreis für Gedichte. Er veröffentlichte die Gedichtbände *„Umstellt. Sich umstellen"* und *„Republik der Falschspieler"*.

Nació el 23 de marzo de 1970 en Rüdersdorf. Estudió Ciencias Políticas en la Universidad Libre de Berlín. De 1990 a 1997 asistió a las conferencias de Sociología en la Universidad de Humboldt en Berlín. Antes era carpintero y enmarcaba cuadros. En 2006 obtuvo el primer lugar en la competencia de Literatura alemana-polaca para sus poemas. Ha publicado el libro de poemas *„Umstellt. Sich umstellen"* und *„Republik der Falschspieler"*.

Traductores: Bárbara Krüger de Quevedo y José Pablo Quevedo (Berlín, Alemania)

Sin respiro

Líneas rojas
cartas a lo lejos
luces del verano
abren el pasado

Plantado aún en mí
el destino lleva nuestras
palabras
al comienzo

Tu rostro triste
me sigue
aún con la mirada
la despedida eternamente
me quemará

Quiero regresar
a tu lado
pero mis pasos
están sujetos al camino
aunque en mi interior
late el corazón
hacia ti

No reconoce los hechos
y se deja guiar
por el amor

Atemlos

Rote Zeilen
ferne Briefe
Sommerstrahlen
öffnen aus
Vergangenem

Du bist mir
eingepflanzt
das Schicksal
trägt unsere Worte
zum Ausgang

Dein trauriges
Gesicht
blickt mir
noch immer nach
ewig brennt
so ein Abschied

Noch immer
zurückkehren wollen
doch die Füße
sind mir gebunden
etwas schleicht oft
zu dir zurück

Es erkennt die
Fakten nicht an
und beruft sich
auf die Liebe

Desequilibrios

Turquesa y azul
el río caudaloso
en moles masivas de hielo glacial
un Gran-Cañon cortado en blanco
en el largo día polar
cada estrella diaria le oscurece
rara vez saludan las focas

Groenlandia desde los espacios
una vista sobre los lagos que se forman
que se juntan
y desaparecen en horas
en las profundidades abismales del hielo
introduciéndose en los subsuelos
generan superficies sin fricción
pesadas toneladas
de hielo glacial
colosos que caen al mar
al agua caliente
que atrae a los monstruos
siempre más rápido

Solamente arriba en el norte
queda un hielo masivo de Groenlandia
en la época más calurosa
cuando los hipopótamos estaban en el Rin
la coraza de hielo cayó
a los depósitos profundos
y empezó el gigantesco deshiele
cinco, seis metros
se catapultó toda el agua
sobre el Planeta vivo

Un continente blanco del mar
los científicos se equivocaron
más rápido de lo que fue dicho
se deshiela y forma un océano negro
libre de hielo se queda la isla Wrangel
los iglús desaparecen prontamente
donde antes miraron los pequeños osos
ya sin lugar para la caza
el oso pena por las inmensas soledades

Wo es kippt

Türkis und Blau
der Fluss strömt
in Gletschermassive geschnitten
ein Grand-Canyon in Weiß
wo der dauernde polare Tag
jegliches Sternlicht löscht
selten grüßen Sonnenhunde

Grönland aus dem All
ein Blick auf immer mehr Seen
sie sammeln sich an
und schwinden in Stunden
hinab in tiefe Eisschächte
dringen in den Untergrund
zeugen reibungslose Flächen
tonnenschwerer Gletscherschutt
Kolosse kalben ins Meer
das wärmere Wasser
zieht an die Ungetüme
immer schneller

Nur hoch im Norden
verblieb eisiges Grönlandmassiv
die letzte Warmzeit
als Flusspferde badeten im Rhein
es sackte der Eispanzer
in immer tiefere Lagen
beginnt das gigantische Tauen
fünf, sechs Meter
hob sich alles Wasser
auf dem lebendigen Planeten

Der weiße Meereskontinent
die Forscher irrten
Jahrzehnte schneller als vorhergesagt
brennt sich Ozeanschwarz
die Sommerschmelze voran
frei liegt die Wrangelinsel
rasant schwanden die Eisiglus
aus deren Höhlenrund
kleine Eisbärenköpfe lugen
und nichts mehr trägt
für die Jagd

"Demasiada cordura puede ser la peor de las locuras, ver la vida como es y no como debería de ser."

— <u>Miguel de Cervantes Saavedra</u>, <u>*Don Quixote*</u>

JORK FREITAG

1972 in Torgau geboren,studierte Musik, Englisch, Russisch und Deutsch als Fremdsprache. Arbeit als Journalist, Lektor, Übersetzer, Dozent. Übersetzungen aus dem Englischen und Russischen. Veröffentlichungen von Lyrik und Prosa in Zeitschriften und Anthologien. Teilnahme an verschiedenen Lesebühnen, zuletzt am XVI. Dichtertreffen in Berlin. York Freitag lebt in Berlin.

Nació en 1972 en Torgau. Estudió música, inglés, ruso y alemán para enseñar a extranjeros. Trabaja como periodista, traductor y docente. Ha hecho traducciones del inglés y ruso al alemán. Ha publicado poesía y prosa en revistas y antologías, ha participado en diferentes encuentros literarios y también en la XVI Cita de la Poesía. Reside en Berlín.

Traductores: Bárbara Krüger de Quevedo y José Pablo Quevedo (Berlín, Alemania)

Don Quijote

I

A tu desaliento
hago mi pregunta: quién sin nombre
viene sobre nosotros
bajo una caída
sin nube

no eres tú
quien
solamente llama
luchando en la duda

al otro lado de la frontera
que el espejo forma
y aquí
mi juego con la calma
con nosotros: sombras caídas

tú no preguntas
quien conduce
afuera del tiempo prestado
yo oigo
tu carrera en todos lados
y el eco a lo largo lo llevo
desde tu nacimiento

Frentes que pasan a través de mí.

Pero tú
encuentras
justamente lo tuyo.

Como él
intentamos
también soportar lo real

de esta manera
lo reconstruímos:
nos hacemos la vista gorda
de la mano
prohibida

Ya casi no
cojeaba
en su penosa valentía

en el viento tormentoso

III

A veces
uno
tiene sus propias alas
en la existencia
contra el circular
de las aspas crecientes

este gran deseo
de alcanzar altura
porque la mano derecha
perdió
la lanza

Yo deseo creer
que se quebró
aun cayendo

para el huésped
alado del tiempo

Don Quijote

an deine Verzagtheit
lehne ich
mein Fragen: wer so namenlos
über uns kommt
unter einem Sinken
ohne Gewölk

nicht du
der es
nur hinruft:
im Zweifel gefochten

jenseits der Grenze
die der Spiegel baut
und hier mein
Spiel mit Stille
mit uns: geworfene
Schatten

du fragst nicht
wer führt
aus der geliehenen Zeit
ich höre
deinen Ritt hin
und wieder
das Echo entlang trage ich
deine Geburt

Fronten die durch mich verlaufen

du aber
findest dort schon
zu dir

II

wie er
suchen wir
auch das Wirkliche
nur zu ertragen

diese Weise
die wiederzeugt:
geduldetes Auge
verwehrte
Hand

kaum daß er noch
lahmte
schwer von Mut

im ergreifenden Wind

III

bisweilen
einer
der dem Dasein
gegen das Kreisen

den wuchernden Flügeln
schon entwächst

dieses geraume
Verlangen nach
Höhe:
da der Rechten
die Lanze
ent-glitt

ich will glauben
sie brach
noch im
Fallen

für den geflügelten
Gast einer Zeit
ent-glitt

SLOV ant GALI

Er wurde 1955 in Schwerin (DDR) geboren, wohnt in Berlin, schreibt Science Fiction (letzte Veröffentlichung ist der Roman „Planet der Pondos") und Lyrik (letzte Veröffentlichung Gedichtband „worträume"). Er ist Mitglied im Verband deutscher Schriftsteller, im Verband „Poetas del mundo" und mehreren Autorengemeinschaften.

Nació en 1955 en la ciudad de Schwerin (República Democrática Alemana). Escribe sobre temas de ciencia ficción (su última novela publicada es *Planet der Pondos*) y poesía lírica (su último libro de poemas es *Worträume*). Es miembro de la Sociedad de Escritores Alemanes, de Poetas del Mundo y de varios círculos de poetas.

E-mail: frieden@eslovantgali.de
Traductores: Bárbara Krüger de Quevedo y José Pablo Quevedo (Berlín, Alemania)

Origami para Hiroshima

(1)

Cuando la luna te arranca del tiempo,
mi enferma Sadako,
doblas sin descanso grullas de papel,
le confías a cada una el deseo
que te salve de tu maldición.
A la milésima entonces, dice la leyenda,
se cumplirá.

(2)

Cuando las grullas son pequeñas,
todavía no saben
lo bien que pueden bailar en el futuro.
Con temor encogen la pata izquierda.
Hay gente, dicen, que nunca cesa de mirar
a los otros con tristeza.

(3)

Dime, mi pequeña Sadako:
¿por qué sólo novecientas noventa y nueve grullas dobladas
cuentan los dioses ciegos?
Te hubiera gustado tanto mostrar a todos
la grulla que cura.
Me hubiera gustado tanto verte
estirar tus alas en el baile.

(4)

Algún día no habrá un sólo hombre que mire el baile de las
[grullas,
cuántos sueños plegados se confían en el río del tiempo.
Los milagros serán olvidados.

(5)

Trescientas veces escribí
el mismo deseo sobre el papel:
que nunca hubiera nacido el LITTLE BOY.
La escritura se borra.

Origami für Hiroshima

(1)

Wenn dich der Mond aus der Zeit fischt,
meine kranke Sadako,
faltest du ohne Pause Kraniche aus Papier,
vertraust du jedem den Wunsch an,
er möge deinen Fluch lösen.
Der tausendste schon, so die Legende,
würde erfüllt.

(2)

Wenn Kraniche klein sind,
wissen sie noch nicht,
wie schön sie einmal tanzen können.
Ängstlich ziehen sie ihr linkes Bein an.
Manche, heißt es, hören nie auf,
den anderen traurig zuzuschauen.

(3)

Sag, meine kleine Sadako,
warum zählten blinde Götter
nur neunhundertneunundneunzig gefaltete Kraniche?
So gern hättest du allen den heilenden gezeigt;
so gern hätte ich gesehen,
wie du deine Flügel zum Tanz ausbreitest.

(4)

Einmal wird kein Mensch mehr den Tänzen der Kraniche
[zusehen,
zählen, wie viele gefaltete Träume dem Fluss der Zeit
[vertrauen.
Wunder werden vergessen sein.

(5)

Dreihundertmal erst
schrieb ich den immer gleichen Wunsch auf Papier,
wäre doch solch LITTLE BOY nie geboren worden
Die Schrift verwischt.

Una carta, María Gutiérrez la entenderá

¡Te saludo,hermana!
La luz necesitó
tres billones de años
desde mi vida a la tuya
y al revés.

Pero yo sé
que eres como yo
y escribes justamente un poema
como yo
a los seres que te rodean
—sí, los que nos llamamos los unos a los otros seres humanos—
¡aja!, a los seres humanos entonces
quieres impulsarlos con esto
un tramo en la senda
a la gran felicidad.

Tú
escribes sobre la confianza en el amor,
formando en el espacio un puente
que a la mala palabra celos
le entrega y le quita sentido,
pues nosotros siempre
queremos conseguir más
de lo que podemos,
y nos damos por satisfechos
en los lugares equivocados

Tú
escribes
de la cuenta
que no se debe abrir,
porque la vida futura

no puede ser variable,
mayor o menor que la otra,
ni contra las enfermedades
que nos acosan tan injustamente
cuando estamos muy cerca
de la solución.

Yo
escribo solamente de la paz
y el amor en la guerra.
¿Te asombras
de las palabras arcaicas?
Bueno, no cada
Big Bang forja poemas
perfectos/magistrales.

Ein Brief, María Gutiérrez wird ihn verstehen

Sei gegrüßt, Schwester!
Licht brauchte
drei Billionen Jahre
und mein Leben
von mir zu dir
und umgekehrt.

Doch ich weiß,
du bist wie ich und
schreibst gerade ein Gedicht
wie ich,
die Menschen um dich herum
—ja wir nennen einander auch Menschen—
ach so die Menschen also
möchtest du damit
ein Stück in Richtung
großes Glück
schubsen.

Du
schreibst vom Vertrauen in Liebe,
die den Raum
überbrückt,
die dem bösen Wort
Eifersucht Sinn gibt und nimmt,
und dass wir doch immer
mehr erreichen möchten, als
wir können, und
uns an den falschen Stellen
bescheiden.

Du
schreibst
von der Rechnung,
die man nicht aufmachen darf,
weil kein
künftiges Leben
Variable sein darf
mit größer als oder
kleiner als ein anderes,
gegen Krankheiten,
die uns so ungerecht
niederschlagen,
wenn wir so dicht vor
der Lösung stehen.

Ich
schreibe nur von Frieden und
Liebe im Krieg.

Wunderst du dich
über die archaischen Wörter?
Nun, nicht jeder
Big Bang
führt zu den richtigen
Gedichten.

Vías celestes

Halma Y. Luján (México)

ULRICH GRASNICK

Geb. am 4. 06.1938 in Pirna, ein deutscher Dichter, er lebt und arbeitet in Berlin. Er studierte Gesang an der Hochschule für Musik „Carl Maria von Weber" in Dresden. Mitglied im Deutschen Schriftstellerverband. Seine ersten Gedichte im Verlag der Nation: "Der vieltürige Tag" (1973) und „Ankunft der Zugvögel" (1976). Eine besonders enge Beziehung zur bildenden Kunst ist erkennbar in den Gedichtbänden „Liebespaar über der Stadt" (1979) und „Hungrig von Träumen"(1990) – beide mit Gedichten zu Bildern von Marc Chagall - sowie „Das entfesselte Auge. Hommage à Picasso" (1988) oder „Pastorale"- zu Karl Schmidt-Rottluff, „Fels ohne Eile" zu Bildern von Stefan Friedemann (2003).

Nació el 4 de Junio de 1938 en Pirna/ Alemania, es un poeta alemán que vive y trabaja en Berlín. Estudió canto en la Escuela Superior de Música "Carl Maria von Weber" en Dresde. El poeta es miembro de la Sociedad de Escritores de Alemania. Sus primeros poemas fueron publicados en la casa Editoral Verlag der Nation: "Der vieltürige Tag" (1973) und „Ankunft der Zugvögel" (1976). Una estrecha y particular relación con el arte de la pintura se reconoce en la publicación "Amantes sobre Berlín" y "Hambrientos de sueños", estos dos libros,con ilustraciones del famoso pintor Marc Chagall, pero también, en „Das entfesselte Auge, Homenaje a Picasso" (1988) y en „Pastorale"- dedicado al pintor Karl Schmidt-Rottluff, y en „Fels ohne Eile" ,obra elaborada para las pinturas de Stefan Friedemann (2003).

Traductores: Bárbara Krüger de Quevedo y José Pablo Quevedo (Berlín, Alemania)

Johannes Bobrowski

"¡Venid! ¡Nosotros cantamos!
¡Si nosotros no cantamos,
cantarán otros!"

I

Buscando un país
que era más grande que el tuyo
se desprendió en mi silencio
tu palabra.

Entre qué barreras
se metió
lenguaje de ámbar,
oscuro y claro,
con corteza abierta
de la sombra
de la tierra azul.

En mi camino
hacia tus huellas
atravesamos dunas movedizas,
sobre pueblos desaparecidos
las sombras
con cruces inclinadas.

Bajo viejos árboles
te acercabas a mí
con la voz juvenil
del abedul.
En el invierno helado
se desplegó
con el color de la nieve.

II

Evocamos
nombres callados
durante muchos años,
la noche de Vilnius[6],
el frío,
del cual lograste huir.

Te escucho hablar
sobre las raíces
de la peonía
que escondía
la vida escrita
de Dalia[7].

Tú percibes
la inspiración de Jonušas[8],
bajo el barniz
de sus cuadros
ves el arco iris incompleto
en su paleta / de su pincel.

III

En tus versos
buscas los lugares
donde se extiende el tiempo
en la despedida del río Memel,

---

[6] 13 de enero de 1991
[7] Dalia Grinkevičiūtė (1927–1987)
[8] Eduardas Jonušas (1932–2014)

en tus líneas
el brillo de piedras maduras
y la sal de años perdidos.

De la descripción de tu habitación
nos quedaron sólo palabras.
Los recuerdos
han abandonado tu casa,
encontraron refugio
en el lugar de tu infancia.

Ayer nos encontramos
al lado de tu tumba.
Ese día, solamente, estaban
nuestras huellas.
En torno a nosotros
rodeaba la nueva nieve
el silencio.

Johannes Bobrowski

„Komm wir singen...
Wenn wir nicht singen,
singen andere..."

I

Auf der Suche nach einem Land,
das größer war als das deine,
verströmt sich in meiner Stille
dein Wort.

Zwischen welche Barrieren
ist es geraten -
Sprache von Bernstein,
dunkel und hell,
mit aufgebrochener Kruste
aus dem Schatten
der blauen Erde.

Auf meinem Weg
zu deinen Spuren
haben wir Wanderdünen
durchquert,
über versunkenen Dörfern
das Schattenland
schräger Kreuze.

Unter alten Bäumen
kamst du mir entgegen
mit der jungen Stimme
der Birke.
Im eisigen Winter
tarnte sie sich
mit der Farbe des Schnees.

II

Wir rufen
lang verschwiegene Namen
ins Licht,
die Nacht von Vilnius[9]
die Kälte,
aus der die Flucht gelang.

Ich höre dich reden
über die Wurzeln
der Pfingstrose,
die Dalias[10]
aufgeschriebenes Leben
verbarg.

Du nimmst Jonušas[11] Atem wahr
unter dem Firnis seiner Bilder,
siehst den unvollendeter Regenbogen
auf seiner Palette.

III

Mit deinen Versen
suchst du die Orte,
wo die Zeit sich weitet
im Abschied der Memel,
in deinen Zeilen
Glanz gereifter Steine
und das Salz verlorener Jahre.

---

[9] 13-Januar-1991
[10] Dalia Grinkevičiūtė (1927-1987)
[11] Eduardas Jonušas (1932- 2014)

Von der Beschreibung
deines Zimmers
sind uns nur Worte geblieben.
Erinnerungen
haben dein Haus verlassen,
fanden Zuflucht
im Ort deiner Kindheit.

Wir haben uns gestern
an deinem Grab getroffen.
Es gab an diesem Tag
nur unsere Spuren.
Vom Neuschnee
war es leise
um uns geworden.

MARÍA GUTIÉRREZ

María Gutiérrez Díaz, natural de Gran Canaria, maestra, escritora y activista poética, ha participado en numerosos encuentros, simposios y congresos nacionales e internacionales y ha sido merecedora de varios premios literarios. Muchos de sus textos han sido traducidos y aparecen en antologías y en publicaciones colectivas. Obras suyas son: *Chilajitos*, de Cíclope Editores, *Con los pies empapados*, una novela sobre la tolerancia, con Ediciones Idea, *Ellas tampoco saben por qué*, una colección de cuentos, también con Idea y, recién, *El rancho de Cris* y *La mochila rosa*, dos álbumes ilustrados, editados por Bellaterra.

María Gutiérrez Díaz, aus Gran Canaria, Schriftstellerin und Aktivistin, nahm an diversen nationalen und internationalen Treffen, Symposien und Kongressen teil und wurde mit mehreren Preisen ausgezeichnet. Viele ihrer Texte sind übersetzt und nach zu lesen in Anthologien und gemeinschaftlichen Veröffentlichungen. Werke sind: *Chilajitos, Con los pies empapados, ein Roman über Toleranz, Ellas tampoco saben por qué, eine Sammlung von Kurzgeschichten* und kürzlich erschienen *El rancho de Cris* und *La mochila rosa,* zwei illustrierte Bücher.

E-mail: mgutdia@gmail.com
Traductores: Bárbara De Quevedo Krüger, José Pablo Quevedo (Verlín, Alemania) y Peter Holm (Alemania - Tenerife).

Sie nahm nicht an der Milleniumskonferenz teil

Es entzündete sich Dein Körper mit Liebe
und jetzt fliesst Dein Blut ohne Unterlass.
Du bist eine der 1400 täglichen.
Wolltest Mutter sein
und bist eine der 60 pro Stunde.
Die Sepsis.
Afrika. Brasilien. Indien.
Sepsis von schmutzigen Pinzetten.
Aids.
In dieser Minute
bist Du die Frau die am Frausein stirbt
auf irgendeiner Pritsche dieser Welt.

Wenn ich Dich benenne, lebst Du.

No asistió a la Cumbre del milenio

Se incendió de amor tu cuerpo
y ahora fluye sin freno tu sangre.
Eres una de las 1400 diarias.
Querías ser madre
y eres una de las 60 a la hora.
La sepsia.
África. Brasil. India.
Sepsis de fórceps sucios.
Sida.
En este minuto
tú eres la mujer que muere de mujer
en algún cubil del mundo.

Vivirás cuando te nombre.

El ahora

W. Glez. Gascón (Sao Paulo, Brasil)

BRUNHILD HAUSCHILD

Geboren 1953 in Berlin, lebt und arbeitet in Berlin, verheiratet, ein Sohn, verschiedene Berufe: Hotelkauffrau, Ökonom, Bankkauffrau,Gesellschafterin für Senioren, Veröffentlichungen: Buch „Wenn die Schuhe zu groß werden oder Spagat zwischen zwei Welten"; „Jahreszeiten – Zeitklänge". Beteiligungen an diversen Anthologien und verschiedenen Online- und Printmedien.

Nació en 1953 en Berlín, vive y trabaja en Berlín, está casada y tiene un hijo. Ha tenido varios oficios, vendedora en un hotel, economista, empleada de banco, ayudante para personas mayores. Ha publicado el libro: *Cuando el zapato es demasiado grande o hacer malabares entre dos mundos* y *Estaciones del año - Sonidos del tiempo*. Ha publicado en diversas antologías, en varios medios online y prensa.

E-mail: Brunhild.hauschild@gmx.de
Traductores: Bárbara Krüger de Quevedo y José Pablo Quevedo (Berlín, Alemania)

Recuento

¿Cuántos años?
¿Cuántos pelos?
¿Cuántas arrugas?
¿Cuántos kilos
 están de más?

Tengo aún dientes
en la boca,
y si los hay,
¿cuántos son?

Desde la cabeza
hasta los pies,
lo postizo a lo grande,
¿qué, dónde y cuántos?

Hecho el balance,
ahora estoy segura,
que mi desvalorización es completa
en su esencia y postura.

Bestandsaufnahme

Wie viele Jahre?
Wie viele Haare?
Wie viele Falten
gibt´s zu verwalten?
Wie viele Pfunde
wieg ich zur Stunde?

Noch Zähne im Munde,
wie viele gesunde?
Vom Scheitel bis zum Po
was,wie viele,wo
Ersatzteile en gros?

Nun bin ich gecheckt,
Bilanzwert entdeckt,
Abschreibung komplett-
vom Wesen her nett!

Hierapolis

Sobre los sarcófagos
fulgura la muerte
de la amapola.
Ojos de lagartija,
pequeñas perlas,
entre las piedras.

La historia me entrega
mágicos mensajes
traídos por el viento.
De las criptas,
pisos arriba,
voces
del tiempo sin polvo.

Hierapolis

Über den Sarkophagen
leuchtet der Tod
aus der Mohnblüte.
Eidechsenaugen,
kleine Perlen
zwischen den Steinen.

Die Geschichte spricht zu mir,
magische Botschaften
überbringt mir der Wind.
Aus den Gruften,
Stockwerke hoch,
Stimmen
der staublosen Zeit.

Abel Barcenilla Yanguas (Euskadi)

OLIVIER HERRERA MARÍN

Nace en Alcalá de Xivert, Castellón, 1946. Estudia trabajando de peón agrícola, 1965 (Obrero de la 'Michelín' en Clermont-Ferrand, Francia, 1971). Publica *Besa las Estrellas* y *Dioses, cínicos y enanos* (Edic. Libertarias, hoy 'Huerga y Fierro'), y viaja a Latinoamérica: Chile, Argentina, Uruguay, Costa Rica, Guatemala... Escribe *Esther, nombre de Mujer* y al mismo tiempo empiezan a publicarle sus poemas 'HATIER', 'BELIN' y 'HACHETTE' y sus libros de texto para la enseñanza de castellano en los colegios y liceos franceses. Desde 2010 es fundador y Presidente de POETAP.

Geboren 1946 in Alcalá de Xivert, Castellón, Spanien. Olivier arbeitete als Landarbeiter (1965) in Frankreich. 1993-1994 veröffentlichte er *Besa las Estrellas* (*Küss die Sterne*) und *Dioses, cínicos y enanos* (*Götter, Zyniker und Zwerge*) und reiste nach Lateinamerika (Chile, Argentinien, Uruguay, Costa Rica, Guatemala...). Er schrieb *Ester, Name der Frau* und zur gleichen Zeit begann er seine Gedichte "Hatier", "Belin" und "Hachete" zu veröffentlichen, zudem wurden seine Texte in französischen Schulbüchern für die spanische Sprache publiziert. Olivier ist Begründer und Vorsitzender der NGO POETAP (Poeten der Welt und Freunde der Poesie).

E-mail: olivierherreramarinpoetap@gmail.com
Traductora: Annika Sterk (Hannover, Alemania – Madrid)

I. Ohne dich, ohne euch…

Bewusst darüber, was ich sage.
Ich bin! Ich weiß, was ich schreibe.
Und ich weiß, dass sie verängstigend sein werden
und geliebt meine Verse,
in den Händen der gutmütigen
und einfachen Leute Lateinamerikas.

Ich weiß, dass in euren Händen:
Meine Verse werden die MORGENDÄMMERUNG sein,
die Tränen des Halbmondes,
über den Datteln der Palme,
die Ähren des Weizen und des Reis,
die blaue Rose und die Blume des Mais.

Ich bin bewusst, wie ich bin,
darüber dass ohne dich, ohne euch,
ohne das LICHT und den WIND
Lateinamerikas
welche erleuchten und verbreiten
das ferne Echo meiner Worte.

Das es meinen Wörtern Flügeln gibt,
um zu fliegen und zu fliegen,
höher, mehr und weiter,
um zu fliegen und anzukommen...
Dort, wo die Seelen wohnen
der gutmütigen Schamanen.
Dort, wo die spitze Kralle des Aasgeiers
nicht hinreicht, wo nicht zu hören ist,
das eiskalte Lachen der Hyänen,
Dolche und Killer
des purpurroten Bistum
der Kröten des Pentagon.

Licht und Wind! von meinen Versen;
Mach! Dass sie fliegen und ankommen...
Dort wo die Flüsse entspringen,
dort wo sie geboren werden und wachsen,
die Träumen von Frieden, Liebe und dem Leben
von allen Kindern dieser Erde.
Bewusst darüber was ich sage,
Ich bin! Ich weiß, was ich schreibe,
und was ich auf meine Verse antworten werden,
wissend das: ich bin! bin doch,
das ferne Echo eurer Stimme
reitend auf dem Zorn des Windes.

Wissend das: ich bin! bin doch,
das ferne Echo eurer Stimme
die Blitze reitend
in den kalten, dunklen Nächten,
den Donner reitend
in den Zeiten der Stille.

Wissend das: ich bin! Bin doch,
das ferne Echo eurer Stimme,
den starken Regen reitend
und die Wellen des tosenden Meeres.
Dass der Dichter ein niemand ist, nichts,
weder existiert, noch einen Namen hat.

OHNE DICH, OHNE EUCH,
DEM LICHT UND DEM WIND.
VON LATEINAMERIKA.

I. Sin ti, sin vosotros…

Consciente de lo que digo,
¡Soy! Que sé lo que escribo.
Y sé que serán tan temidos
como amados mis versos,
en manos de la gente noble
y sencilla de Latinoamérica.

Sé, que en vuestras manos:
mis versos serán, al ALBA,
las lágrimas de la Media Luna
sobre los dátiles de la palmera,
las espigas de trigo y de arroz,
la rosa azul y la flor del maíz.

Consciente soy, cómo lo soy,
de que sin ti, sin vosotros,
sin la LUZ y el VIENTO
de Latinoamérica,
que alumbra y esparce
el eco lejano de mi verbo.

Que le da alas a mis versos,
para que vuelen y vuelen
más alto, más y más lejos,
para que vuelen y lleguen…,
allí donde moran las almas
de los nobles chamanes.

Allí donde no llega la garra
afilada del buitre, ni se oye
la risa gélida de las hienas,
puñales y siervas a sueldo
de las mitras purpúreas
de los sapos del Pentágono.

¡LUZ y VIENTO! de mis versos;
¡Haced!... Que vuelen y lleguen
allí donde nacen los ríos,
allí donde nacen y crecen
los sueños de paz, amor y vida
de todos los niños del Mundo.
Consciente de lo que digo,
¡Soy!... Que sé lo que escribo,
y responderé de mis versos,
sabiendo qué soy, si soy
el eco lejano de vuestra voz,
cabalgando la furia del viento.

Sabiendo qué soy, si soy,
el eco lejano de vuestra voz
cabalgando los relámpagos
en las noches frías y oscuras,
cabalgando los truenos
en los tiempos de silencio.

Sabiendo qué soy, si soy,
el eco lejano de vuestra voz
cabalgando la fuerte lluvia
y las olas del mar bravío.
Que el poeta es nadie, nada,
no existe ni tiene nombre.

SIN TI, SIN VOSOTROS,
LA LUZ Y EL VIENTO
DE LATINOAMÉRICA.

ANNETTE KAUFHOLD

Geboren 1965 in Berlin, studierte Biologie, Theater und Kunst an der Freien Universität Berlin, der Universität der Künste Berlin und der Accademia di Belle Arte Bologna, unterrichtet an einem Gymnasium in Brandenburg, schreibt und performt Biopoesie- Lyrik mit naturwissenschaftlichem Hintergrund. Veröffentlichung: „Die animalischen Verse", 2015 bei Periplaneta Berlin.

Nació en 1965 en Berlín. Estudió biología, teatro y arte en la Universidad Libre de Berlín, la Universidad de Bellas Artes en Berlín y la Accademia di Belle Arte Bologna. Imparte clases en un colegio de Brandenburgo, escribe y hace performances de poesía-bio-lírica con conocimiento de las ciencias naturales. Públicó en 2005 el libro *Los versos animales* en la editorial Periplaneta Berlin.

Web: www.anni-kaufhold.de
Traductores: Bárbara Krüger de Quevedo y José Pablo Quevedo (Berlín, Alemania).

Ningun triunfo para el tigre

(Para la 'XX Cita de la Poesía')

El tigre de Bali
era un guerrero
pero de caza libre también
para un asesino perfecto

El último murió hace 80 años
porque con su piel
el cazador puede presumir
como macho

Porque creen que potencias secretas
de sus huesos eran lo mejor
para hombres con problemas sexuales
piensan que se puede tomar todo

Igual le pasó al tigre de Java
el tigre cáspico tampoco ha triunfado
todavía quedan 5 especies
pero mucho tiempo no se puede esperar

Los espacios de los tigres están destruídos
y reducidos a un cinco por ciento

Kein Sieger, der Tiger

(Für die 'XX. Cita de la Poesia')

Der Bali-Tiger
war ein Krieger
doch war er auch Freiwild,
für den, der perfekt killt

Der letzte starb vor 80 Jahren
weil man sich mit seinen Haaren
als starker Mann
brüsten kann

Weil man glaubt geheime Kräfte
aus seinen Knochen sind das Beste
für Männer mit Potenzproblemen
man denkt, man kann sich alles nehmen

Genauso ging´s dem Java-Tiger
der Kaspische blieb auch nicht Sieger
nun gibt es noch fünf Unterarten
doch lange kann man nicht mehr warten

Die Tigerlebensräume sind
zerstört, bis auf nur fünf Prozent

Make love not war[12]

Libélulas brillan como metal frío
en el vuelo son las super rápidas
asesinas especialistas de la caza
y arrasadoras sanguinarias
con refinado modo de cazar
vuelan como flechas y dan la vuelta
en rápidos segundos
cambian la dirección
sin oportunidad está la presa
ayer, hoy, mañana

Pero cuando dos se encuentran
ellas se unen
en ansiedad y deseo
doblan su largo trasero
tan bonito y colorido
para aparearse
y se mueven casi en redondela
y vuelan en confianza
en el éter sin ganas de cazar
ellas se sostienen
como en anillo, símbolo del amor

Uno vuelve a saber: las guerras
terminan a través del amor

---

[12] De la serie: *Erótica de los animales*, 2014

Make love not war[13]

Metallisch kalt schimmern Libellen
im Flug sind sie die superschnellen
mörderischen Abfangjäger
und blutrünstigen Lüftefeger
mit raffinierter Jagdtechnik
fliegen sie pfeilgrad, dann mit Knick
sekundenschnell die Wendung
wechseln sie die Richtung
chancenlos die Beute
gestern, morgen, heute

Doch wenn sich zwei mal finden
und sie sich dann verbinden
in Sehnsucht und Verlangen
biegen sie ihren langen
Hinterleib so schön bunt
zum Paarungsrad fast kreisrund
und schweben ganz verträumt jetzt
im Äther ohne Jagdhetz
sie aneinander haften
als Ring, dem Symbolhaften

Man sieht mal wieder Kriege
Hör'n erst auf durch die Liebe

---

[13] Aus der Reihe: *Animal Erotica, 2014*

REINHARDT KRANZ

Geboren 1939 in Berlin,Verleger einer literarischen Berliner Zeitschrift. Ab 1973 Malerei und Grafik, ab 1982 Gedichte, ab 1991 Klavier- Keyboard. Veröffentlicht in Ausstellungen, gedruckt in Zeitschriften, Anthologien, ein Gedichtband, ein Roman, verschiedenste Lesungen. Auftritte bei der Dichterbegegnung: Berlin-Lateinamerika, im Cum Laude an der Humboldt Universität. Erwerbstätig in verschiedenen gewerblichen Berufen.

Nació en Berlín en 1939, es editor de una revista literaria berlinesa. Desde 1973 se dedica a la pintura y a las artes gráficas y desde 1991 toca el piano. Ha participado en diferentes encuentros, seminarios y lecturas y publicado en antologías. Ha publicado un libro de poemas y una novela Ha participado con sus poemas en el foro cultural de Berlín- Hellersdorf, en el Cum Laude de la Universidad de Humboldt en Berlín y en la Cita de la Poesía: Berlín-América Latina. Trabaja en diversos oficios.

Traductores: Bárbara Krüger de Quevedo y José Pablo Quevedo (Berlín, Alemania)

Grito

(Al "Guernika" de Picasso)

grita, caballo
todas las noches
lanzad ayes casas
hechas escombros
causando temores

grita bandera
viento negro
motores rugientes
noche por noche

grita primavera
estas perdida
como la muerte
en la mañana fría

grita mujer
tu niño sin palabras
la bestia siega
la simiente tierna

inclinar de bóvedas
muros quebrados
el viento gris
atraviesa las ventanas rotas
las cenizas se arremolinan
en un grito mudo

Schrei

(Zu Picasso „Guernika")

schrei pferd
durch alle nächte
häuser stöhnt
zerberstend bang

schrei fahne
schwarzer wind
motoren brausen
nacht um nacht

schrei frühling
bist dahin
wie tod
am kalten morgen

schrei weib
dein kind bleibt still
das untier mäht
sich frische saat

duckt euch gewölbe
mauern brecht
der graue wind
streicht durch
die fensterhöhlen
und asche wirbelt auf
wie stummer schrei

Cómo el artista Przybylski pintó el placer

ya pasó
el fuego de las noches
las arrugas relajadas
que todavía
producen fragancia de la hembra
en bata está el artísta
los pinceles titubean
delante del caballete horriblemente vacío

ángeles – algo dañados
vuelan como modelos inseguros
la hembra le incita
el pincel se mueve
tiembla en los contornos genitales
con vellos densamente poblados
en el artísta crecen las ganas de pintar

la luz serpentea,
los tubos de pintura chisguetean
el pintor dispara cañonazos salvajes
hacia la tela
un enorme falo de fauno
que engolosina a la hembra
en un loco remolino de color

Wie der Maler Przybylski die Lust malt

längst vorbei
der nächte feuer
erschlaffte falten fördern
manchmal noch
den weibsgeruch hervor
im halbgewand der maler
pinselzaudernd
vor scheußlich kahler
staffelei

engel – etwas abgebrochen
flattern hin als fragliches modell
weibliches steigt auf
der pinsel zuckt
es zittern genitalkonturen
mit aufgetragener wüstbehaarung
steigt des malers
malerische lust

licht schlängelt sich
da spritzen tuben
der maler feuert wilde salven
leinwandwärts
ein riesenphallusfaun
vernascht das weib
im irren farbenrausch

18/04/2014

Abel Barcenilla Yanguas (Euskadi)

REINER MÜLLER

Geboren 1969 in Berlin-Friedrichshagen, arbeitet als Bereichsleiter in der Sozialwirtschaft in Berlin. Seit 1984 schreibt er Lyrik und Prosa, ist ein Schüler von Ulrich und Charlotte Grasnick. Nahm u.a. am Poetenseminar in Schwerin teil. Er leitete Literaturzirkel und Drehbuchseminare. Ist Mitglied im Köpenicker Dichterkreis und der Lesebühne der Kulturen unter Leitung von Ulrich Grasnick. Veröffentlichungen in verschiedenen Anthologien.

Nació en 1969 en Berlín-Friedrichshagen, trabaja como director en el campo de la economía social en Berlin. Desde 1984 escribe lírica y prosa. Es discípulo de Ulrich y Charlotte Grasnick. También ha participado en un seminario poético en Schwerín. Ha dirigido círculos literarios y seminarios para escribir guiones de películas. Es miembro del Seminario Lírico de Köpenick y de la Tribuna de Lecturas para las Culturas de Berlín-Adlershof.

Traductores: Bárbara Krüger de Quevedo y José Pablo Quevedo (Berlín, Alemania).

Un poema

Un poema se imposibilita
entre dos otros
en una página.

No tiene
suficiente aire
para respirar.

El poeta
deja de lado al editor
se ríe silenciosamente de él.

Las palabras

S
e

s
e
p
a
r
a
n

d
e
l

p
a
p
e

l

Y dicen
adios a la impresión en negritas.

El papel
es aburrido
y blanco.

Lo blanco no va más lejos,
y por eso, uno lo deja...

Ein Gedicht

Ein Gedicht
Zerquetscht

Von zwei anderen
Auf einer Seite

Hat nicht genug
Luft
Zum Atmen

Der Dichter
Erschießt sich
Der Verleger
Lacht still vor sich hin

Die Worte

L
ö
s
e
n

s
i
c
h

v
o
m

p
a
p
i
e
r

Und sagen
Ade Druckerschwärze

Das Papier
Nun langweilig
Weiß

Weiß nicht mehr weiter
Und legt
Einen Streichholz

Como una bestia en la jaula

¿Fue Rilke o Hesse
quienes describieron la bestia,
la que con la boca desangrada
en círculos caminaba?

Entretanto, me siento
como esa bestia.
Yo no distingo mucho
en mi jaula pequeña.

Afuera no hay ninguna tormenta
pero sueño con una lombríz de tierra.
Así, me estoy estropeando
en mi cávea ponedora.

Wie ein Raubtier im Käfig

War es Rilke oder Hesse,
der das Raubtier beschrieb,
das mit blutleerer Fresse
sich im Kreise herumtrieb?

Nun geht es auch mir,
wie diesem Raubtier.
Ich seh nur noch mäßig
in meinem kleinen Käfig.

Draußen weht kein Sturm.
Ich träum von einem Regenwurm.
So gehe auch ich in die Knie
in meiner Legebatterie.

PETRA NAMYSLO

Geb. 23. 12. 1954 in Radeburg, Verwaltungsangestellte, lebt mit ihren beiden Katzen in Berlin, engagiert sich für Menschenrechte und Tierschutz. Sie schreibt Gedichte. Hat noch nichts veröffentlicht.

Nació en 1954 en Radeburg. Activista por los derechos humanos y la protección de animales. Trabaja en la administración pública. Escribe poesía. No tiene niguna obra publicada.

E-mail: pnamyslo@arcor.de
Traductores: Bárbara Krüger de Quevedo y José Pablo Quevedo (Berlín, Alemania)

Sueño de Pentesilea

Cuando la ira del salvaje Aquiles
cese, amada Protoe,
entonces que el viento sea mi confidente,
que desenrede tus rizos.

Jugaremos en la luz del arco iris
y, con las puntas temblorosas de los dedos,
deseo probar tu risa de estrella,
quiero encenderme con tu perfume.

Reír, anhelar, recuperarme
es lo que deseo a tu lado, que hasta mi preocupación
sepa a miel de oro de abejas
y nunca más besar el polvo.

Penthesilea träumt

Wenn das Wüten des wilden Achilleus
verstummt ist, liebste Prothoe,
sei mein Vertrauter der Wind,
der vorwitzig deine Locken zaust.

Spielen werden wir im Regenbogenlicht
und mit bebenden Fingerspitzen
will ich dein Sternenlächeln tasten,
will verbrennen in deinem Duft.

Lachen, sehnen, genesen will ich
bei dir, wo selbst mein Kummer
wie schwerer goldener Honig schmeckt,
und niemals wieder den Staub küssen.

El modesto hermano Francisco de Asís

Como un orgulloso caballero en una competencia
fue aquel monje muy joven al campo del Evangelio.
Dios le dijo: Francisco, construye nuestra Iglesia,
pues si no se caerá nuestro mundo.

Él no hizo objeciones, no tenía necesidades,
iba sin zapatos, en rústica levita y una cruz de adorno.
A cada ser amó en este mundo,
al lobo, al cordero, al gato y al ratón.

Si todos los creyentes imitaran a Cristo
y al piadoso Francisco
al pie del Monte Subasio,

irradiarían la luz de Dios en un blanco resplandor
y todo lo creado encontraría la felicidad
y nuestro hogar estaría siempre colmado.

Der geringe Bruder Franz von Assisi

So wie ein stolzer Ritter zum Turnier
zog er als junger Mann ins Feld hinaus.
Da bat ihn Gott: "Franz, baue unser Haus,
denn es verfällt sonst auf der Erde hier."

Tat wie geheißen ohne viel Gebraus,
trug keine Schuh und nur sein Kreuz als Zier.
Doch liebte auf der Welt ihn jedes Tier,
der Wolf, das Lamm, die Katze und die Maus.

Wärn alle Christen Imitatio
von Christus wie der fromme Bruder Franz
am Fuße des Monte Subasio,

erstrahlte Gottes Licht in hellem Glanz,
und die Geschöpfe wären alle froh,
und unser Haus, es würde wieder ganz.

Vasos comunicantes

Nereida García González (CAM, Madrid)

ANTONINO NIETO

No reconoce más lugar de nacimiento que aquellos en los que es o fue feliz. Poeta, video-artista y creador de espectáculos. Sus obras se han visto en el MNCARS o el IVAM. Forma parte del equipo de Ámbito Cultural de El Corte Inglés. Es autor de más de una docena de libros y poemarios, entre otros: *Dibujas ausentes*, *La voz del escorpión*, *Un fantasma perfecto* y como antólogo en *Guía viva de ortodoxos y heterodoxos*, *Las mejores historias de amor*, *Los mejores poemas de amor*, *Amores infieles...*, *La primera vez que...* y ha sido antologado en *Cuaderno de poesía y palabra*, *Cine y moda –luces, cámara, pasarela–*, *Chamberí desde su Casa del Pueblo*, *La gatera de la villa* y *Mil poemas a Miguel Hernández*. se ha enamorado 12 veces, en todas ellas para siempre.

Antonino nennt keinen weiteren Ort seiner Geburt, als jene in welchen er glücklich war oder ist. Dichter, Video-Artist, Initiator von Veranstaltungen...seine Werke wurden gezeigt im MNCARS und dem IVAM,...er ist Mitglied im Kulturkreis des Corte Inglés... Autor von mehr als ein Dutzend Büchern und Gedichtbänden, unter anderem: *Du malst Abwesende*, *Stimme des Skorpions*, *Ein perfektes Gespenst...* und in Anthologien: *Lebende Anweisung der Orthodoxen und Heterodoxen...*, *Die besten Geschichten der Liebe*, *Die besten Gedichte der Liebe*, *Untreue Liebe*, *Das erste Mal, das...*, zudem wurden seine Texte veröffentlicht in *Heft der Dichtung und des Wortes*, *Kino und Mode -Lichter, Kamera, Laufstieg*, *Chamberí aus seinem Landhaus*, *Der Katzendurchschlupf der Villa*, *Tausend Gedichte für Miguel Hernández*. Er hat sich 12 Mal ver-liebt. In alle für immer.

E-mail: bocaparaisos007@yahoo.es
Traductora: Annika Sterk (Hannover, Alemania – Madrid)

Poelemisch

Der Frühling kommt wie nie zuvor,
kommt mit Kraft aus der Tiefe des Morasts.

.1

Küsse und Umarmungen
gegen die Verschwendung der Ewigkeit,
Küsse und Umarmungen

und die Zeit, die von den Schatten gereicht wird,
etwas, das einen Mund besitzt, spuckt
die unendlichen Leere aus, die Gleichgültigkeit,

Ich spreche nicht von den Gesegneten der unendlichen
Schuld der Hoffnung,
Ich spreche von dem Abgrund,
von dem unschätzbaren Elend getötet eigenhändig in
Buchstaben und Nummern
gegen den Sopor der wachsenden Unsterblichkeit, Küsse und
Umarmungen
gegen den Schrei und seinen Nebenflüssen- das Lachen, die
Liebe, die Freundschaft- Küsse und Umarmungen
und das niemals dich ein Gift beherrscht, was dein Herz nicht
widerstehen kann.

.1

Weil ich an nichts glaube, handle ich, die Zeit verlängernd,
wird der Abgrund verkürzt mit der Sprache und der Faust
gegen das Herz, das vergisst.

.1

keine weitere Information..., kein Horizont, nichts der Worte
Nebel in dem Solar des Lachens, Reiter der Luft es gibt noch
vieles zu wissen,
der Verrat, Angelegenheit der Vergangenheit, wie die Augen,
keine weitere Information;

keine Gebete, keine Abzüge, keine Erträge; die Zähne,
Angelegenheiten der Vergangenheit,
die Spinnen, wie Küsse oder das Herz der Bestie,
Angelegenheiten der Vergangenheit,
wie der Wind.

keine weitere Information, nichts der Schwindel, Lügen,
Götter;
die Wahrheit ist Angelegenheit der Vergangenheit, die
Vergangenheit selbst,
Aufstoßen, ja, Angelegenheit der Zukunft.

.1

Das Fest war folgendes, Licht verstecken, Führerin oder
Betrug gegen die Entschlüsselung der Schatten.
Das Fest was folgendes: ermorden, betrügen, sich lustig
machen über das Blut?... das, was der Glaube gewaschen hat;
die Zeit ist gekommen, immer kommt die Zeit an;
du fragst nicht, du atmest nicht, du isst nicht...
du bist Welle, Antwort; du ernährst die vertikale Position des
Verbrechens.
die Blutung des Beschädigten, um die Nutzlosigkeit von
jedem beliebigen Prinzip zu verstärken?
du löst das Rätsel ohne irgendetwas zu machen: Gebiet ohne
Tote.
Rache oder Folge?...
Kein Prinzip, nichts: kein Schrei oder Gelächter entspricht der
Strafe am Leben zu sein,
oder tot...nicht einmal das Geschehen geboren worden zu
sein;
das Fest war folgendes: zerstören, nicht erhalten und in
diesem Zerstören, den gekauten Heißhunger des Wissens, nur
den gekauten Heißhunger, nicht einmal der Trost.

.1

Sie sind Teil der Erbschaft der Neugeboren: die Kriege, du
weißt schon,

die Träume wahr werden lassen, auch wenn sie das Vergessen
wollen,
die Erinnerung niemals mehr das zu sein, was du nie warst:
Pulver, zum Beispiel,
oder Lachen, Freude, Genuss, du weißt schon, der Köcher
der verstreuten Eingeweide
überall für den Unterhalt des Herrn und seine fröhlichen mit
dem Tode Ringenden,
unzerstörbare Grausamkeiten, Regionen, die die Luft freudig
verschlingen:
das Herz und seine prominenten Schlächter und zwar,
die Freiheit jede beliebige Angelegenheit zu benutzen oder zu
verwerfen, hilfreich oder nutzlos,
Die Torheit der Hoffnung stützen; auch das Unsichtbare
welche in dir jede erdenkliche Möglichkeit erleuchtet oder das,
was noch vom Leben bleibt...
das Lebendige, da ist der Mörder: das Leichentuch, das dich
führt in den verschwindenden Unterleib
sind Teil deiner Strafe: die Siege, zum Beispiel,
all jenes, was das Rad antreibt, welches dich lebend lässt,
Herz, welches empfindet.

Poémica

Viene como nunca la primavera,
llega feroz de la hondura de la ciénaga.

.1
Besos y abrazos
contra el despilfarro de la eternidad,
besos y abrazos

y lo que de impuntualidad alcancen las sombras

cosa que el que tiene boca, escupe

de la vaciedad sin fin, la indiferencia
no los bendecidos por la insaciable morosidad de la esperanza
hablo de abismo
de la incalculable podredumbre dilapidando a pulso letras y
números

contra el sopor de la inmortalidad creciente, besos y abrazos
contra el grito y sus afluentes —la risa, el amor, la amistad—
besos y abrazos

y lo que del nunca desgobiernen los venenos que tu corazón
supere.
.1
Porque no creo en nada, actúo
amplío en tiempo reduciendo el abismo a lengua
a puño contra el corazón del olvido.
.1
no más información…

ningún horizonte
nada la palabra

niebla en el solar de la risa

jinetes del aire lo aún por saber

la traición
cosa del pasado
como los ojos

no más información

nada de oraciones, restas, rentas
los dientes
cosas del pasado
las arañas, como los besos o el corazón de la bestia,
cosas del pasado
como el viento

no más información

nada de coartadas, mentiras, dioses
la verdad es cosa del pasado
el pasado mismo,
eructo, sí, cosa del futuro.
.1
la fiesta era eso
esconderse luz
guía o engaño contra el descifrado de las sombras
la fiesta era eso: matar, estafar, reír
la sangre?... lo que la fe lavaba

ha llegado el tiempo
siempre es llegado el tiempo

no preguntas
no respiras
no comes…

eres ola
respuesta

alimentas
la verticalidad del crimen

¿la hemorragia del deterioro para afianzar la inutilidad de
cualquier principio?
resuelves el acertijo repitiéndote nada: región sin muertos
¿venganza o consecuencia?
ningún principio, nada: ningún grito o carcajada araña la
condena de estar vivo,
o muerto…, ni siquiera el haber sido nacido

la fiesta era eso: destruir, no conservar
y en ese destruir, el voraz masticado del saber
solo el voraz masticado,
ni siquiera el consuelo.
.1
forman parte del cupo de adiciones del nacido: las guerras,
ya sabes, cumplir con los sueños aunque sea queriendo

del olvido, la memoria de nunca más ser lo que nunca fuiste:
polvo, por ejemplo,
o risa, alegría, placer,
ya sabes,
el carcaj de vísceras esparcidas por doquier para manutención
del amo
y sus felices
agónicas
indestructibles crueldades

regiones de aire gozosamente devoradas:
el corazón y sus insignes matarifes,
a saber,
la libertad de usar y tirar cualquier cosa que,

por útil o inutilidad decreciente,
apuntale la necedad de la esperanza

también lo invisible que en ti alumbre
cualquier posibilidad o resto de lo aún por vivir

lo vivo, he ahí el asesino:
la mortaja que te arrastra vientre en extinción

forman parte del renglón de la condena: las victorias, por
ejemplo,
todo aquello que alimenta a la rueda que te distribuye
vivo
corazón sintiente.[14]

---

[14] 'Poémica' de Antonino Nieto Rodríguez, a partir de poemas de su poemario *El ojo del abismo toma de la mano el arco iris.*

SAGRARIO NÚÑEZ

Sagrario Núñez Molina, nace en Blanca, Murcia (España, 1940). Es escritora; autora de varios libros, entre otros: *Cuentos para Murcia* (Ed. Celya, 2008), *Cuentos en la plazuela* (2008), *Si no hay amor hay olvido* (2009), *El valle de Ricote, Visiones e impresiones literarias* (2011), *La casa de El Bacanal* (2012), *Ellas, sus novios, los casados y los otros* (2013), *Poemas del metro* (2014), todos ellos en Ed. Sial/Pigmalión. Ha sido colaboradora en revistas sobre temas educativos. Fundadora de Novovitex S.L., empresa dedicada a vestuario y artículos de iluminación y efectos especiales, para cine, teatro, series de TV y fotografía. Ha dirigido teatro y escrito varios guiones cinematográficos.

Sagrario Núñez Molina, Geboren in Blanca, Murcia (1940). Schriftstellerin, Autorin von verschiedenen Büchern, darunter: *Erzählungen für Murcia, Geschichten des Marktplatzes, Wenn es keine Liebe gibt, gibt es Vergessen und das Tal von Ricote.* Sie hat bei Zeitschriften über das Thema Erziehung mitgewirkt und ist Begründerin von `Novovitex S.L.` einem Unternehmen, welches sich auf Garderobe und Artikel von Beleuchtungen spezialisiert sowie besonderen Effekten im Bereich Film, Theater, Fernsehserien und Fotographie. Sie war Theaterregisseurin und hat mehrere Filmdrehbücher geschrieben.

E-mail: matarinasa@yahoo.es
Traductora: Annika Sterk (Hannover, Alemania – Madrid)

Gebet der Nacht...

Ja, dort sind die Punkte des Lichts, die Sterne genannt werden. Einige große und leuchtende: Der Großvater Martin, die Großmutter Georgina, die Großmutter Einsamkeit und der Großvater Juan; zusammen mit ihnen, den winzigen Punkten des Lichts, funkelnde Sterne: "Diana", die Hündin, meine geliebte Katze "Fifiona", eine junge Person, die im Fluss ertrank...alle sind sie dort, in dem Himmelsgewölbe: Juan, mein Vater, nicht. Ich habe ihn nicht kennengelernt, aber ich liebe ihn; meine Mutter sagte mir, dass ich sehr klein war und wachsend in ihrem Bauch, als sie meinen Vater abholten um "spazieren zu gehen" (in den Tod). Ich liebe ihn, weil meine Mutter mir immer gesagt hat, dass er ein ehrenhafter Mann war, ein Arbeiter, stark und gut; auf der Konsole des Schlafzimmers steht weiterhin, wie auf einem Altar, das Foto ihrer gemeinsamen Hochzeit. In dem Salon, aufgehängt an einer Schnur aus Seide, das Foto eines gut aussehenden Soldaten: das ist mein Vater, geschmückt mit der dreifarbigen Flagge des Vaterlandes, über der spanischen Flagge platziert die Insignien des Regiments der Infanterie von Otumba, Onteniente, 1922.

Aus der tiefen Nach taucht ein Wind auf, der durch das Fenster eintritt, die Vorhänge bewegt und über meine Wangen seine weißen Flügel ausbreitet. Ich richte mein Gebet ans ferne Firmament.

—Gute Nacht, Vater. Heute hat mir Mutter gesagt, dass es Schwindel sei, dass Sie nicht mit einer Französin fortgegangen sind, dass Sie uns nicht vergessen haben, das Sie Vater, nicht essen könnten, wissend, dass wir es nicht können. Mutter sagt, dass du nicht mehr unter uns bist, dass du das Licht bist, das und erleuchtet, dass du nicht fortgegangen bist, dass jene, die dich abgeholt haben dich schlecht behandelt haben. Ich verstehe das nicht, das mit dem schlecht behandeln. Entschuldige mein Duzen, aber ich fühle dich so nahe.

Die Großeltern sind von uns gegangen, der Kummer, nicht zu wissen wohin sie dich gebracht haben, hat sie mitgenommen. Jede Nacht bete ich mein erfundenes Gebet für dich; ich will kein anderes beten. Gute Nacht Vater. Ich hoffe von dir zu hören. Amen.

Hinter der Tür meines Zimmers, kaum geöffnet, beobachte ich meine Mutter bei ihrem allabendlichen Ritual: sie schließt die Haustür mit zwei Umdrehungen des Schlüssels, sie nähert sich dem aufgehängten Foto an der Wand des Salons; ihre Augen schauen ohne Hoffnung; der Soldat, in seiner Nische, er ist nicht in Unordnung geraten; aber sie, mit dem Zeige- und Mittelfinger der rechten Hand, tut so als würde sie einen ausgedachten Pony streicheln... Später, führt sie die Finger an ihre Lippen, küsst sie und legt ihren Kuss auf den schwarz-weißen Lippen ab, sicher unter der Glasscheibe. Sie bereitet sich darauf vor eine weitere Nacht zu schlafen, ohne sich an seine Abwesenheit gewöhnen zu können, träumend, dass eines Tages ihr jemand sagt, was sie mit ihm gemacht haben und wo sie ihn findet.

In dem Himmelsgewölbe, leuchten weiterhin die Sterne, weil sie niemals fortgehen.

Oración de la noche…

Sí, allí están los puntos de luz que llaman estrellas; unas grandes y brillantes: el abuelo Martín, la abuela Georgina, la abuela Soledad y el abuelo Juan; junto a ellas, diminutos puntos de luz, estrellas titilantes: 'Diana', la perrita, mi querida gata 'Fifona', el gitanillo que se ahogó en el río…, todos están allí, en la bóveda celeste: Juan, mi padre, no. No lo he conocido, pero le quiero; mi madre me dice que yo era muy chiquita creciendo en su interior, cuando a mi padre lo llevaron a pasear. Le quiero, porque mi madre siempre me ha dicho que era un hombre honrado, trabajador, cercano y bueno; en la consola de la alcoba permanece como en un altar la fotografía del día de su boda con mi madre. En la salita, pende de esclavina y cordón de seda, la foto de un apuesto soldado: es mi padre, revestido con la bandera tricolor de la Patria, sobre la banda roja y gualda, figura la insignia del Regimiento de Infantería de Otumba (Onteniente, 1922).

De la profundidad de la noche emerge un viento que entra por la ventana, infla las cortinas y aventa sobre mis mejillas sus alas blancas. Elevo mi plegaria al lejano firmamento.

—Buenas noches, padre. Hoy me ha dicho madre que son calumnias, que usted no se ha ido con una novia francesa, que no se ha olvidado de nosotros, que usted padre, no podría comer, sabiendo que nosotros no lo hacemos. Madre dice que ya no estás entre nosotros, que eres el lucero que nos alumbra, que no te fuiste padre, que los que te llevaron te desvivieron. No entiendo, padre, lo del desvivir. Perdón por tutearte, pero te siento más cercano.

Se han marchado los abuelos, se los ha llevado la pena de no saber a dónde te llevaron. Todas las noches rezo para ti mi oración inventada; no quiero rezar otra. Buenas noches padre. Espero saber de ti. Amén.

A través de la puerta de mi habitación, apenas entreabierta, observo a mi madre en su ritual de cada noche: cierra la puerta de entrada a casa con dos vueltas de llave, se acerca a la foto colgada en la pared de la salita; sus ojos miran deshabitados de esperanza; el soldado, en su hornacina, no se ha despeinado; pero ella, con el dedo índice y corazón de su mano derecha, simula peinarle un flequillo imaginado... Luego, se lleva los dedos a los labios, los besa y deposita su beso en los labios en blanco y negro, guardados bajo el cristal.

Se dispone a dormir una noche más, sin poder acostumbrarse a su ausencia, soñando que, algún día, alguien le diga qué hicieron con él y dónde se encuentra.

En la bóveda celeste siguen brillando las luces, porque ellos, ellos no se van nunca...

MILENA ORTIZ MICAYA

Profesora de Lenguaje y Comunicación. Poeta premiada a nivel nacional, regional y provincial: *La Mujer piensa a la Mujer* (en Patio 29, Santiago de Chile, 1990). Invitada en la Gira "Homenaje a Miguel Hernández" (POETAP, España, 2010); así como al Congreso Literario por la Identidad de los Pueblos y la Paz (Guayaquil, Ecuador, 2015), al Festival de la Poesía Provincial de Salta (Argentina, 2014), al Evento Literario por la Defensa del Mar (Pichilemu), al Evento Literario Jornada por la Paz (Chile, 2015), Poema es: "Sendero de Paz" (Pichilemu, 2015), así como participante en Congreso Literario "Identidad, Paz y Poesía" (Guayaquil, Ecuador, 2015). Incluida en antologías diversas (Isla negra, 2015 y 2016).

Lehrerin aus Sprache und Bericht. Dichterin belohnen ebene National, Regional und Provinziell: *La Mujer piensa a la Mujer* (in Patio 29, Santiago de Chile, 1990). Ehrengastin in die Tournee "Homenaje a Miguel Hernandez" (POETAT, España, 2010); auch El Congreso Literario por la Identidad de los Pueblos y la Paz (Guayaquil, Ecuador, 2015), el Festival de la Poesia Provincial de Salta (Argentina, 2014), Evento Literario por la Defensa del Mar (Pichilemu),und die Evento Literario Jornada por la Paz (Chile, 2015); Poema es: "Sendero de Paz" (Pichilemu, 2015) so wie Beteiligter in Congreso Literario "Identidad, Paz y Poesía" (Guayaquil, Ecuador, 2015). Sie ist auch in verschieden Anthologien (Isla Negra, 2015 und 2016).

E-mail: milortiz@yahoo.com
Traductor: Luis Fernández Muñiz-Rodríguez. (San Yago de Compostela – Hamburg)
Rohübersetzung.

Drei rosen in gleiche gitarre

Violeta, Chabuca y Mercedes
drei Frauen unser Am,erica vereinen
Folklore zu singen, Kunst aus neues Lied.
Violeta Parra ihre Stime und ihre Gitarre bis Seele rühren
wie das Wind Flüstern in der Nacht
schluchzte wie der Regen in der Morgendämmerung,
sind die Linien Schwing im libertären Song
hoffnung jenseits der Oceane gekeimt

Chabuca Granda, träume Verse
wie ein Regenbogen der Gefühle,
traditionelle peruanische Musik bewegtsich
der Bereich der sensiblen und poetischen Rhythmen
und führt seine Folklore von Jasminmall

Mercedes Sosa,
du hast die Kunst und die Musik im Blut um in der Seele
deine unvergleich bare Stimme hat kein Anfang und keine Grenzen
Ihr Song Gedichte zu verbreiten um die Enteigneten
und du bist verlassen Fusspuren auf den Strassen Frieden.

Drei Träumer entstehen aus Chile, Argentina und Peru,
wie Vulkane und Berge heben ihre Gitarren
verbreitung seiner Kunst in seinen Songs Echo.

Drei erhabene Rosen erfassen ihre Stimmen im Himmel
mit echter Volkskunst-stil, unvergessliche Frauen
danket Lebens, die Blume von Zimt und "Alfonsina und das
[Meer".

Tres rosas en la misma guitarra.

Violeta, Chabuca y Mercedes
tres mujeres hermanan nuestra América,
es el folclor que cantan, arte del canto nuevo.

Violeta Parra, su voz y su guitarra llegan al alma
como el viento que susurra en la noche
como la lluvia que solloza en la alborada,
son los versos vibrando en el canto libertario
esperanzas germinadas más allá de los océanos.

Chabuca Granda, sueña los versos
como un arcoíris de emociones,
se conmueve la música tradicional peruana
al abanico de ritmos sensitivos y poéticos
y lleva su folclor por los jazmines de la alameda.

Mercedes Sosa,
tienes el arte y la música en la sangre y en el alma
tu voz inconfundible no tiene tiempo ni fronteras
difundes poemas en tu canto a los desposeídos,
y vas dejando huellas de paz por los caminos.

Tres soñadoras surgen de Chile, Argentina y Perú,
como los volcanes y montañas levantan sus guitarras
sembrando su arte en el eco de sus canciones.

Tres sublimes rosas graban sus voces en el cielo
con genuino estilo del arte popular, inolvidables mujeres
que dan gracias a la vida, la flor de la canela y Alfonsina y el
[mar.

Fuhlendorf 116 (Jul-2015) Galería WL

AMELIA PECO

Amelia Peco Roncero es natural de Madrigalejo (Cáceres, España). Aunque ha vivido parte de su niñez y adolescencia en Cataluña, actualmente reside en Madrid. Ha estudiado a los clásicos, Literatura, Filosofía e Historia del Arte de forma autodidacta. Poeta, narradora, articulista, conferenciante, guionista de cine, analista de obras literarias e investigadora del medio ambiente. Es miembro de la Asociación Colegial de Artistas y Escritores de España. Secretaria de la Asociación Cultural "Le Bohème" de Guadalajara y directora de la colección de poesía 'Le Bohème'. Pertenece a diversas tertulias en Madrid, Guadalajara, Barcelona y Zaragoza. Ha ofrecido recitales poéticos en diferentes lugares de España. Publica algunos de sus poemas, artículos y conferencias en diferentes revistas literarias. Algunos de sus poemas están incluidos en antologías poéticas, dentro y fuera de su país. Tiene publicado *Canto a Lilith* (2010) y *Para el Amor y el Fuego* (2014).

Amelia Peco Roncero, Geboren in Madrigalejo (Cáceres-Espagne). Lebte lange Zeit in Katalonien und wohnt zur Zeit in Madrid. Sie ist Autodidaktin und studierte Philosophie, Kunstgeschichte und Literaturwissenschaften. Dichterin, Drehbuchschreiberin und Umweltforscherin, sie ist Mitglied des Vereins der Künstler_innen und Schriftsteller_innen Spaniens. Sekretärin des Kulturvereins "Le Bohéme" von Guadalajara. Sie nimmt an verschiedenen Literaturtreffen in Guadalajara, Madrid, Barcelona und Zaragoza teil. Sie veröffentlichte ihre Gedichte in verschiedenen nationalen und internationalen Literaturzeitschriften und Anthologien. Sie veröffentlichte *Lied für Lilith* (2010) und *Für die Liebe und das Feuer* (2014).

E-mail: aureliana56@icloud.com
Traductora: Annika Sterk (Hannover, Alemania – Madrid)

Tränen der Erde

Tränen der Erde gleiten aus meinen Augen,
sie fließen so langsam, dass sie mich mit Humus bedecken,
meine Haut versteckend, meine Augen vergrabend.

Wie neugierig ist der Geist, wie er mit mir spielt,
ich sehe, und bin blind von der Erde.

Er hat das Schwierige vergessen:
Er erinnert sich nicht an die Kinder
an das geschulterte Akkordeon bettelnd an der Ecke
an ausgestorbene Städte, ohne Liebende.

Diese, meine Blindheit, wie merkwürdig erscheint sie mir!
Sie verwirrt mich und sie schmerzt mich
die absurde Armut der Neids,
die Ketten, die Haut und ihre Farben,
die Harmonie der Sprachen.

Ich weiß nicht... Schwindel..., Geschwindigkeit...,
wie weit, wie weit sind die Hände
geblieben, immer vereint
die umarmten Körper, die Augen welche sie anschauen!

Die Völker:
Welch schönes Wort, wenn es verstanden und respektiert wird
von jeder Person, die geht und kommt, die da ist und es erlaubt.

Das Blut irrt sich.
Das ist nicht wichtig! Was soll`s!
Der Lebensstil beruhigt sich, es formen sie die Umrisse.

Liebe, Liebe, Liebe.
Von der Liebe will ich, dass sie die Welt durchtränkt
und diese Blindheit der Erde ertränkt, die mich befallen hat.

Lágrimas de tierra

Lágrimas de tierra resbalan por mis ojos,
se deslizan tan lentas que me cubren de humus,
escondiendo mi piel, enterrando los ojos.

Qué curiosa es la mente, cómo juega conmigo,
veo, y estoy ciega de tierra.

Ha olvidado lo adverso:
No recuerda a los niños
de acordeón a cuestas pidiendo por esquinas
de ciudades desiertas, desprovistas de amores.

Esta ceguera mía, ¡qué extraña me parece!
Me confunde y me duele
la podredumbre absurda de la envidia,
las cadenas, la piel y sus colores,
la armonía de lenguas.

No sé… Vértigo…, velocidad…,
¡qué lejos, qué lejos han quedado
las manos siempre unidas,
los abrazados cuerpos, los ojos que se miran!

Las razas:
qué hermosa palabra si se entiende y respeta
por el que viene y llega, por el que está y admite.

La sangre se confunde.
¡No importa!, ¡qué importa!,
se armoniza el estilo, se moldean las formas.

Amor, amor, amor.
De amor quiero que se sature el mundo,
y ahogue esta ceguera de tierra que me invade.

DÉBORA POL

Débora Pol Rodríguez, es poeta, dramaturga y actriz. Nacida en Madrid (España, 1985). Como poeta ha participado en diferentes tertulias como: Las del Café Gijón, o el café de Oriente. En diferentes actividades culturales del Ateneo de Madrid. En homenaje a poetas como: Antonio Machado, Lorca, o Miguel Hernández. Ha participado con sus versos en programas de radio como: Poetas en el aire, Todo está en los libros, Generación suicida, Escuche quien escuche, El fascículo Arqueado..., etc. Y ha publicado sus escritos en revistas culturales como: 'Mirlo' (Nº3), 'Revista poética Azahar (varios números), 'Letras, tu revista literaria' (Nº45), 'Relatos sin contrato' (nº. 19 y 22, 'The crow magazzine' (nº 1 y 3), 'Chispas literaria' (Nº 5), etc... También en diversas antologías como: 'Poemas al director', 'Cuadernos de poesía y palabra', 'Poetas andaluces de ahora III', 'Necesarias Palabras' (Antología por Nepal). etc. Autora de los poemarios *Cristales rotos* (Ebediziones, 2014) y *Luna de Sangre* (Neopatria, 2015).

Dichterin, Dramaturgin und Schauspielerin. 1985 in Madrid geboren, als Dichterin nahm sie an verschiedenen Treffen teil und diversen Aktivitäten des Kulturvereins von Madrid. Sie schrieb zu Ehren verschiedener Schriftsteller: Antonio Machado, Lorca und Miguel Hernández. Ihre Werke hat sie in mehreren Radioprogrammen vorgestellt und sie wurden in Kulturzeitschriften und Anthologien veröffentlicht. Sie ist Autorin der Gedichtbänder "Zerbrochene Scheiben" und "Mond des Blutes".

E-mail: debora_pol_rodriguez@hotmail.es
Blog: deborapol.blogspot.com.es
Traductora: Annika Sterk (Hannover, Alemania – Madrid)

Der Schrei des Volkes

Es gibt Schreie.
Die alle zusammen,
in einen einzigen Schrei passen.
Schreie, die allein
Länder zerreißen würden,
gleich dem größten aller Erdbeben.
Schreie, die wie Stecknadel sind,
genagelt in die Augen
von jenen die im Schlaf verweilen.
Schreie, die wie die Sirenen der Schiffe sind.
Wie das Pfeifen der Züge in der Stille der Nacht.
Wie das laute Gebrüll
eines im Sterben liegenden Stieres.
Mächtige Schreie.
Dieser Art, die Meer und Ozeane in die Höhe hebt.

Und dann ist da der Schrei des Volkes.
Welcher ein so lauter Schrei ist.
Ein so heiserer Schrei.
Und ein so tiefer.
Das es keine Stadt gibt, die im widersteht.
Kein Fundament, das ihn stützt.
Kein Berg, der sich nicht zu zwei Bergen öffnet,
angesichts der Kraft seines Echos.
Denn das Volk hat geschrien: Hoffnung!
mit der Kraft von hundert Taifunen aus Stein und Knochen.
sie haben mit ihrer Stimme,
die Mauern niedergerissen, in welchen die Angst angekettet war.
Freier Vogel strecke deine Krallen aus,
und trenne die Hände deines Gefängniswärters ab.

El grito del pueblo

Hay gritos
que caben todos ellos,
en un solo grito.
Gritos que, por sí mismos,
derribarían países
como el más grande de los seísmos.
Gritos que son como alfileres,
clavándose en los ojos
de los que permanecen dormidos.
Gritos que son como sirenas de barcos.
Como silbidos de tren en el silencio de la noche.
Como un gran mugido
de un toro moribundo de piedra.
Gritos potentes.
De esos que levantan mares y océanos.

Y luego esta el grito del pueblo.
Que es un grito tan intenso.
Un grito tan ronco.
Y tan profundo.
Que no hay ciudad que lo resista.
Ni cimiento que los sostenga.
Ni montaña que no se abra en dos montañas,
ante la potencia de su eco.
Porque el pueblo ha gritado: ¡Esperanza!
con la fuerza de cien tifones de piedra y hueso.
Se derrumbaron con su voz
los muros donde estaba encadenado el miedo.
Pájaro libre extiende tus garras
y cercena las manos de tu carcelero.

JÜRGEN POLINSKE

1954 in Potsdam geboren, 1973 Abitur, NVA, Kristallographiestudium (nicht beendet).Dienst an der Staatsgrenze der DDR, Fachschulstudium, Bibliotheksfacharbeiter. Seit 1990 Obermagaziner der Zentralen Universitätsbibliothek der Humboldt-Universität zu Berlin, etliche Veröffentlichungen, darunter zweisprachige. Seit vielen Jahren Mitglied im Köpenicker Lyrikseminar/Lesebühne der Kulturen und im Friedrichshainer Autorenkreis.

Nació en 1954 en Potsdam. Realizó el Bachillerato en 1973, hizo el servicio militar en la frontera de la República Democrática Alemana y se dedicó al estudio de la cristalografía (sin terminar). Ha realizado estudios técnicos especializados en bibliotecas, Jefe del almacén de la biblioteca de la Universidad de Humboldt en Berlín, varias publicaciones, algunas en varios idiomas. Desde hace muchos años es miembro del Seminario Lírico de Köpenick y de la Tribuna de Lecturas para las Culturas de Berlín - Adlershof y del círculo de autores de Friedrichshain.

Web: htttp://www.ub.hu-berlin.de
Traductores: Bárbara Krüger de Quevedo y José Pablo Quevedo (Berlín, Alemania)

Achupaya Tilancia[15]

Caminante de los desiertos,
ella viene y va
el viento
la lleva
sea como brisa o tormenta.
Y como una frondosa flor
ante la luz reposa.
Siete vidas tiene la memoria
de esta gata entre las plantas,
que se estaciona
sin raíces en la arena.

---

[15] *Achupaya*, una especie de tilancia que aparece en uno de los edificios de Caral. Fue utilizada para marcar el camino y para formar ornamentos artísticos de flores.

Achupaya Tilancia[16]

Wanderin in der Wüste
Sie kommt und sie geht
mit dem Wind
Ob sanft oder stürmisch
er trägt sie …
Und kommt sie zur Ruhe
mit aufrechter Blüte, zum Licht
Sieben Leben sind ihr gewiß
dieser Katze unter den Pflanzen
Sie landet immer auf ihren Pfoten
wurzellos
im Sand

---

[16] Eine Tillansiaart, (so wurde mir ihr Name aufgeschrieben) die in Caral zur Wegmarkierung und Gestaltung von Blumenornamenten verwendet wurde.

César Vallejo

César Vallejo murió un día jueves,
lo recordó él mismo un Lunes
en París
con los huesos astillados
con el dolor del alma por dejar el Perú

Palos, cuerdas, nubes,
todos le golpeaban,
lo atestiguó la lluvia el jueves

Junto a la luna
en la Casa Chimú,
perdida la santidad de su reflejo,
agua sin brillantez de la plata
sin pizca de oro en la arena
del que aquí hay más
que en París
Solamente restos
de un gris oscuro
Ya no hay lluvia
ni testigos.

Yo sufro con la luna
con la esperanza hasta el domingo
que recuerda una noche de lluvia
y me muero no antes
del viernes

César Vallejo

César Vallejo stirbt am Donnerstag
erinnert er am Montag sich
und in Paris, an Knochenbrüchen
durch Seelenschmerz noch aus Peru

Knüppel, Taue, Wolken
alle schlugen ihn
bezeugt am Donnerstag vom Regen

Ich dürste mit dem Mond
im Chimuhaus
dahin die Heiligkeit seines Spiegels
Wasser ohne Silberglanz
kein Gold mehr auf dem Sand
von dem hier mehr ist
als jemals in Paris
Nur Reste noch
dunkelgrau
Kein Regen mehr
Kein Zeuge

Ich leide mit dem Mond
in Hoffnung bis zum Sonntag noch
der an eine Regennacht erinnert
und sterbe dann
am Freitag erst

ARTURO PRADO LIMA

Nació en Pasto (Colombia, 1959). Ejerció desde muy temprana edad el periodismo y la literatura. Ha publicado 3 libros de poesía, en Ecuador, Colombia y España, una novela y un libro de relatos. Ha sido incluido en diferentes antologías tanto en América Latina como en España, Alemania y Europa en general. Ha participado por Colombia en tres ocasiones en la Cita de la Poesía alemana latinoamericana que dirige el poeta peruano José Pablo Quevedo. Desde hace 15 años vive en Madrid, España, donde colabora con medios de comunicación de diferentes partes del mundo. Sus escritos han sido traducidos al inglés, al alemán y al portugués.

Der Autor.- Wurde im Süden Kolumbiens geboren. Schon in frühen Jahren beschäftigte er sich mit Literatur und Journalismus. Er hat drei Gedichtbände in Ekuador, Kolumbien und Spanien, einen Roman und einen Band mit Erzählungen veröffentlicht. In Lateinamerika wie auch in Spanien, Deutschland und anderen europäischen Ländern ist er in verschiedenen Anthologien vertreten. Für sein Land Kolumbien nahm er dreimal an der Dichterbegegnung Berlin-Lateinamerika teil, die der peruanische Dichter José Pablo Quevedo leitet. Seit 15 Jahren lebt er in Madrid in Spanien, von wo aus er mit verschiedenen Kommunikationsmedien der Welt zusammenarbeitet. Seine Schriften wurden ins Englische, Deutsche und Portugiesische übertragen.

E-mail: arturopradolima@hotmail.es
Traducciones realizadas por el autor.

Ziehe dich noch nicht an, mein Herz…

Ziehe dich noch nicht an, mein Herz,
gehe noch nicht aus dieser schüchternen Kindheit heraus
von kurzen Abgründen:
Draußen hat sich die Stille mit Don Juans gefüllt
und der Schicksalsschlag riecht übel in den Ecken.
Bleib ruhig, mein Herz,
Halte die Flügel der heimlichen Feiern
und nimm die kaputten Götter aus dem Kissen auf.
Gehen wir, um den Leichnam aus der Stille herauszuheben,
die ankert in einem Nichts eines verlassenen Hafens,
gehen wir und hauchen ihm Atem ein, Kuss für Kuss,
Fahne für Fahne,
Auge für Auge,
Hoffnung für Hoffnung,
Ehre für Ehre
Erhebe dich noch nicht, mein Herz,
öffne den Spiegel und ziehe die zerbrechliche Fantasie heraus,
die in den faltigen Kurven des Alters zum Stocken gebracht
ist, es ist Zeit, von der Rückkehr zurückzukehren.

No te vistas todavía…

No te vistas todavía, corazón,
no salgas de esta tímida infancia
de cortos precipicios:
afuera el silencio se llenó de gallinazos
y el azar huele mal en las esquinas.
Quédate quieto, corazón,
sostén las alas de las celebraciones clandestinas
y recoge los dioses rotos de la almohada:
vamos a levantar el cadáver del silencio
fondeado en un jamás de puerto abandonado,
vamos a darle respiración beso por beso,
bandera por bandera,
ojo por ojo,
esperanza por esperanza,
gloria por Gloria.
No te levantes todavía, corazón,
abre el espejo y extrae la frágil fantasía
estancada en las curvas rugosas de la edad,
es hora de regresar del regreso
y salir a caminar por las venas de tu alma.

LETICIA QUEMADA

Leticia Quemada Arriaga, nace en Guanajuato (México, 1978). Desde temprana edad ha participado en eventos culturales como declamadora. Reside en España desde 2005. En 2010 se incorpora al Grupo Literario Encuentros de Tres Cantos (GLE-3CC), en el que fue secretaria durante tres años y a través del cual publica varios poemas en la revista y libro que edita anualmente el grupo, así como en la página literaria del periódico local de dicha localidad madrileña. Asimismo colabora con la Asociación de Poetas de la Tierra y Amigos de la Poesía (POETAP) desde donde participa en eventos culturales, así como en FERINE, el Colectivo Arte Total, la Asociación de Amistad Hispano-Cubana "Bartolomé De las Casas" y la Asociación de Mujeres Ibero-Ecuatorianas 'Mundo Sin Fronteras'. Reside en Madrid (España).

Leticia Quemada Arriaga, Geboren in Guanajuato, Mexiko (1978). Seit früher Kindheit nimmt sie als Künstlerin an kulturellen Veranstaltungen teil. Seit 2005 wohnt sie in Spanien. 2010 wirkt sie im literarischen Verein von Tres Cantos mit, in welchem sie drei Jahre Sekretärin war und mit dessen Hilfe sie verschiedene Gedichte veröffentlichte. Ihre Texte wurden in dem vereinseigenen Buch, welches einmal jährlich erscheint, publiziert und auch in der örtlichen Gemeindezeitung. Sie ist Mitglied von POETAP und aktiv bei verschiedenen kulturellen Veranstaltungen und Vereinen.

E-mail: oropendola78@outlook.com
Web: http://oropendolapoesia.blogspot.com.es/
Traductora: Annika Sterk (Hannover, Alemania – Madrid)

Refugees

Erfundene kriegerische Konflikte,
Fossile Energie und fossilgleich sind die Herzen
derer, die auf die "Ziele" zeigen
mit einem sauberem Finger über die Karten weit entfernter
[Gebiete.

Welche Farbe hat die Flagge, die durch deine Adern fließt?
Welche Religion haben deine Träume?
Wer zieht die Grenze von deinen Sehnsüchten?
Wo wird der Frieden sein, den deine Knochen herbeisehnen?

Heute beginnst du die Überfahrt,
fast ohne Gepäck,
ohne Überzeugung verriegelst du die Tür,
(Die Bomben klingeln nicht an der Tür).

Deine Stadt wird sich schnell verwandeln
in ein Gomorra des aktuellen Zeitalters,
es ist besser nicht zurück zu schauen,
für den Fall, dass du dich in Salz verwandeln wirst.

"Die Pietá" von Miguel Àngel
ist nicht mehr aus Marmor,
sie hat sich in die Schlagzeile der
Zeitungen und Fernsehnachrichten verwandelt.

Du suchst den Frieden für deine Kinder
auf der anderen Seite der Stacheldrahtzaunes;
"refugees, refugees, refugees"
sie werden sie finden an verwüsten Stränden.

Gebete geschossen in den Wind,
wie verwelkte Blumen.
die Kinder wollen nicht migrieren,
sie wollen nur spielen gehen.

170

Refugees

Conflictos bélicos inventados,
energía fósil y fosilizados son los corazones
de quienes señalan "objetivos"
con un dedo impoluto sobre mapas lejanos.

¿De qué color es la bandera que corre por tus venas?
¿De qué religión son tus sueños?
¿Quién marca la frontera de tus anhelos?
¿Dónde estará la paz que ansían tus huesos?

Hoy emprendes la travesía,
apenas sin equipaje,
echas el cerrojo sin convicción,
(Las bombas no llaman a la puerta).

Tu ciudad pronto se convertirá
en una Gomorra del siglo actual,
es mejor no mirar atrás,
por si te convirtieras en sal.

"La piedad" de Miguel Ángel,
ha dejado de ser de mármol,
se convierte en la portada
de periódicos y telediarios.

Buscas las paz para tus hijos
al otro lado del cerco de alambre;
"refugees, refugees, refugees"
la encontrarán en desoladas playas.

Las plegarias lanzadas al viento
como flores marchitas.
Los niños no quieren migrar,
ellos solo quieren ir a jugar.

JOSÉ PABLO QUEVEDO

1945 in Catacaos - Peru geboren. Im Mai 1996 initiierte er die Dichterbegegnung Lateinamerika – Berlin, ein poetisch-kulturelles Ereignis. Der Poet hat 10 Bücher der Poesie geschrieben, unter anderem „Der Kontinent der Sonne", ein Buch, das 5 Kinderhörspiele enthält, die seit 1986 vom Radio der damaligen DDR inszeniert und ausgestrahlt wurden, außerdem eine CD mit 19 Liedern, Herausgeber ist das Institut für Arbeitsmarktforschung und berufliche Weiterbildung e.V. Berlin. Er publiziert zahlreiche Anthologien im Zusammenhang mit anderen Autoren aus Europa und Lateinamerika sowie Essays über andere Dichter und Künstler.

Nació en 1945 en Catacaos-Perú. Después de la Reunificación Alemana inició la Cita de la Poesía en Berlín, un acontecimiento cultural para latinoamericanos y berlineses. El poeta es autor de varios libros de poesía y también de 5 obras de radioteatro para niños las cuales fueron propagadas por las radios de la RDA. También el poeta ha editado casetes de música y un CD que contienen sus canciones del Continente del Sol. El escritor ha publicado diversos ensayos y análisis de libros de diferentes autores de España y de América Latina; además, ha editado y traducido a poetas alemanes en diferentes ediciones y antologías. Es creador, también,de Arte Regresivo.

E-mail: jose.quevedo@gmx.de
Traductores: Bárbara Krüger de Quevedo y José Pablo Quevedo (Berlín, Alemania).

Picasso

En uno de los cráteres
de tu complacencia,
que es tu pecho Picasso,
hay miles de himnos a las estrellas.

Sobre la biografía de tus poros
hechos cubos,
la lava se eleva
a la nube incandescente.

Hacia el arco iris de tu vuelo
la paloma toma posesión de lo alto,
la manzana también se parte y se reparte
en lo feliz de tu pulso,
y el horno da el mejor sabor al azúcar.

Y la estrella recortada en el papel
siembra su aureola de oro sobre el mundo,
alumbra el rumbo de los juglares
en sus equilibrios sobre pelotas de balanceo.

Tú a la musa en su reposo
le entregas zumo de limones,
y hasta el Minotauro
respira en su piel la poesía en su color rosado.

Pero en tu pincel, el azul hace los aspavientos
del color hacia lo profundo,
como los molinos de la noche,
que mueven las palabras de tu pensamiento.

Picasso

In einem Krater
deiner Vergnügen
deiner Brust, Picasso,
existieren Tausende von Hymnen an die Sterne.

Deine Biografie,
zu Kuben geworden,
aus deren Poren die Lava quillt,
zur glühenden Wolke steigt.

Hin zum Regenbogen deines Fluges
gewinnt die Taube an Höhe,
der Apfel wird geviertelt und geteilt;
im glücklichen Schlag deines Pulses
gibt der Ofen dem Zucker den besten Geschmack.

Der aus Papier geschnittene Stern
streut seinen goldenen Schein über die Welt,
beleuchtet den Weg der Harlekine
bei ihren Kunststücken auf dem Ball.

Du übergibst der ruhenden Muse
den Saft der Zitronen
und sogar der Minotaurus
atmet Poesie durch sein Fell.

Von deiner Palette geht das Blau in die Tiefe,
rührt an die Gefühle;
wie die Mühlen der Nacht,
kreisen in dir Gedanken und Wörter.

La creación del caballo azul

Intentaron el azul, entonces,
ser la locomotora del siglo en el movimiento,
hasta que se les cayeron las pestañas cansadas.

Supieron que las tardes tomaban sus asientos
ante los horizontes,
abrían sus puertas y poseían sus sillas blancas.
Sus miradas se habían detenido sobre otros maestros,
ante sus lienzos, tal vez, los maldijeron,
abrieron los laberintos con manos de pintura,
la materia era un río regresivo,
una suma de sumas incalculables,
cuya adición acumulada era una montaña
de ríos en idas y regresos.

Cuando lo supieron
un caballo galopó sobre la noche,
azul era su cuerpo, amplio como el cielo.

Los pájaros más bellos habían levantado
como dioses y eran por ellos venerados.

En chinganas el azul fue proclamado
en cada ala de edificio,
en cada asiento, en cada café,
en cada documento, en cada libro.

Esclavos ya del azul,
alguno de ellos tuvo la idea
de discrepar con el azul creado,
y un día hizo saltar un auto por el azul de una pared

Solo que el azul en los ojos del tiempo
quedó como vidrios de colores dividido.

Die Erschaffung des blauen Pferdes

Maler in München erfanden das Blau. Damals
die Lokomotive ihres Jahrhunderts
in ihrer Bewegung,
bis dem Zugpferd die Wimpern ausfielen.

Sie erfuhren, dass Abende
vor den Horizonten waren,
sie öffneten die Türen und nahmen ihre weißen Stühle in Besitz.
sie schauten auf andere Meister,
vor ihrer Leinwand verfluchten sie sie, vielleicht.
Sie öffneten Labyrinthe mit Malerhänden.
Die Materie war ein regressiver Fluss,
eine Summe von unberechenbaren Summen,
deren fortgesetzte Addition einen Berg
von hin- und zurückfließenden Flüssen war.

Als sie dies erfuhren,
galoppierte ein Pferd durch die Nacht.
Blau und weit wie der Himmel.

Die schönsten Vögel hatten sich wie Götter erhoben
und wurden von ihnen verehrt.

Das Blau wurde verbreitet in Lokalen,
in Häusern, in jedem Café,
auf jedem Sitz,
in jedem Dokument, in jedem Buch.

Sie waren schon Sklaven des Blaus,
als einer von ihnen den Gedanken hatte
vom bisherigen Blau abzuweichen.
Eines Tages ließ er ein Auto
durch das Blau einer Wand springen.

Doch das Blau blieb erhalten in den Augen der Zeit,
als zersplittertes Glas.

Abel Barcenilla Yanguas (Euskadi)

LIHUÉ-CAMILO RIVERO

Camilo-Lihué Rivero Méndez nace el 11-10-1989 en San Rafael (Cuyo-Mendoza, Argentina). Realiza estudios de Ciencias Políticas y Admón. Pública (UNCUYO). En 2013 viaja a Chiapas para cursar Antropología Maya en la Licenciatura de Gestión y Autodesarrollo Indígena (UNACH), donde inicia su primer libro *Cuentos, prosas y relatos insurgentes* (poesía, pintura y música) y viaja a Guatemala y Cuba. Actualmente cursa Ciencias Políticas en la UCM (Madrid-España). Su inquietud por la política, la espiritualidad indígena y las plantas medicinales, hacen que su prosa sea diferente a lo establecido en Literatura. No posee ninguna mención de honor ni premios y asegura que "nada más lindo que un 'Don Nadie' y que un anónimo escritor relate y describa la vida de los silenciados, marginados y excluidos del sistema mundo".

Camilo-Lihué Rivero Méndez, Geboren am 11.10.1989 in San Rafael (Mendoza, Argentinien). Student der Politikwissenschaften und öffentliche Verwaltung in Mendoza (UNCUYO). 2013 reiste er nach Chiapas um dort Anthropologie und indigene Selbstverwaltung zu studieren (UNACH) und wo er begann sein erstes Buch zu schreiben *Cuentos, Prosas y Relatos insurgentes*, in welchem er Poesie, Malerei und Musik vereint, dabei inspirierten ihn auch Reisen nach Cuba und Guatemala. Zur Zeit (2015) studiert er Politikwissenschaften in Madrid (UCM). Sein Interesse für die Politik, indigene Spiritualität und Heilpflanzen bewirken, dass seine Gedichte anders sind als vieles bisher Geläufige in der Literatur. Er besitzt keine Literaturpreise oder Ehrungen und versichert, dass er nichts weiteres sei als ein „Herr Niemand" und ein anonymer Autor, der das Leben der Schweigenden, Diskriminierten und Ausgeschlossenen des aktuellen Systems erzählt und beschreibt.

E-mail: camilolihue@gmail.com
Traductora: Annika Sterk (Hannover, Alemania – Madrid)

I. Sie verboten ihnen

Wenn die Ältesten von uns gehen, dann sterben mit ihnen die
[Kulturen!
Sie verboten ihnen ihre Kleidung zu verwenden.
Große Lügen und diese ungestraft lassen,
das bedeutet Macht.
Sie verboten ihnen ihre Sprache zu verwenden.
Also muss die Lüge so groß sein, dass sie nicht unbewegt bleibt.
Sie verboten ihnen ihre Form der Herrschaft zu verwenden.
Demnach, ist die Freiheit dieses makabre Bild, welches dich
[blind lässt.

I. Les Prohibieron

¡Cuando mueran los ancianos pues con ellos morirán las culturas!
Les prohibieron usar sus vestimentas.
Mentir en grande y hacerlos impunemente, eso es el poder.
Les prohibieron usar su lengua.
Entonces la mentira debe ser tan grande, que no sea estática.
Les prohibieron usar sus formas de gobierno.
Entonces la libertad es ese espectro macabro, que te deja ciego.

RUTH RODRÍGUEZ

Ruth Rodríguez López es Licenciada en Humanidades y D.E.A. en Literatura Comparada. Directora de VERBALINA, Escuela de Escritura Creativa y vicepresidenta de POETAP. Autora de *Un pozo de agua crujiente* (Lastura, 2015). Ha participado en antologías como *Arte Regresivo II* (2015), *Un viejo estanque* (2014), *Palabras de la tierra* (2012), entre otras. Miembro de *Poetry Slam Toledo*. Colaboradora en la sección "Culturas" de eldiario.es de CLM y en el programa de RCM "La Colmena" con una sección dedicada a la poesía. Su blog se llama "Otro París".

Ruth Rodríguez López, Studierte Geisterwissenschaften und D.E.A. in Vergleichender Literaturwissenschaft. Direktorin der VERBALINA Schule für kreatives Schreiben und Vizepräsidentin von POETAP. Autorin von *Ein Brunnen mit knisterndem Wasser*. Hat an verschiedenen Anthologien mitgewirkt und ist Mitglied von *Poetry Slam Toledo*. Sie wirkt mit in der „Kulturrubrik" von eldiiario.es und in einem Programm des RCM „der Bienenstock", welches sich der Poesie widmet. Ihr Blog „ein anderes Paris".

E-mail: info@verbalina.com
Blog: http://ruthrodlop.blogspot.com.es/
Web: http://www.verbalina.com/escritura-creativa-online.htm
Traductora: Annika Sterk (Hannover, Alemania – Madrid)

I. Stadtviertel[17]

Sie schlafen nicht.
Sie hängen ihre Lappen über die Fenster
geöffnete
wie Augen die hören.

Sie sind Stoffreste einer enteigneten Zeit,
geklaute Stunden
um zu zerfransen
ohne Eile
das Wasser
des Bades
oder ein Bissen von der Bettwäsche
währenddessen das Rollo die Nacht eingeklemmt.

Sie ruhen sich nicht aus.
Sie legen ihre Knochen in die Sonne
und bieten sie an
den Talentjägern für fünf Euro die Stunde
sie zeigen sie denen vor
an den Nachmittagen von Malt Whiskey.

Von der Fensterbrüstung
beobachte ich
jeder einzelne von diesen Fetzen
der Rutine in „PVC".

Sie wellen sich funkelnd und starr
wie Kadaver
von laminierten Schmetterlingen
sie erleichtern die Stunden
die vergehen
ohne zu leben.

---

[17] Aus *Ein Brunnen von knisterndem Wasser* (Verl. Lastura)

Auch blicke ich auf diese Frau
mit den Jahren in den Füßen.

Alle Nachmittage
sitzend an der Eingangspforte, sie sagt mir:
„Niemals wird der Mittag von gestern geschehen".

I. Barrio[18]

No duermen.
Tienden sus trapos por las ventanas
abiertas
como ojos que oyen.

Son retales de tiempo expropiado,
horas robadas
a deshilachar
sin prisa
el agua
del baño
o al mordisco de las sábanas
mientras la persiana pellizca a la noche.

No descansan.
Tienden sus huesos al sol
y los ofrendan
a los cazadores de talento a cinco euros la hora
quienes los exhiben
en las tardes de güisqui de malta.

Desde el alféizar
observo
cada uno de esos girones
de rutina en "pvc".

Ondean brillantes y rígidos
como cadáveres
de mariposas plastificadas
que alivian las horas
transcurridas

---

[18] De *Un pozo de agua crujiente* (Ed. Lastura)

sin vivir.
También miro a esa mujer
con los años en los pies.

Todas las tardes,
sentada a la puerta del bloque, me dice:
"nunca será el mediodía de ayer".

ANDONI K. ROS SOLER

Andoni K. Ros Soler (Manzanares, Castilla La Mancha-España, 1950) es Premio Largo Caballero 2011 (Madrid) autor de *Hacer poesía es* (2015) y coautor de una treintena de antologías (1997-2015); escritor ensayista, poeta, corrector y prologuista, colabora en jurados y certámenes poéticos, habiendo publicado diversos ensayos y crónicas periodísticas en revistas del movimiento sociopolítico-sindical y ciudadano, ateneos y recitales nacionales e internacionales; letrista de algunas canciones de protesta en los años 1960-1970. *Hacer poesía, es...* (Donostia, 2015) es una obra didáctico-práctica sobre poesía y filosofía poético-social, en el contexto de *Arte Regresivo*, como define su autor.

Andoni K. Ros Soler, wurde 1950 in Castilla La Manche, Spanien, geboren. Er beendete sein Studium in indus-triellen Ingenieurwissenschaften und arbeitete seit 1968 im Bereich der Eisenbahn, 2008 ging er in Rente. Für seine Dichtungen erhielt er den Preis Largo Caballero 2011 in Madrid. Er ist Autor des Buches *Hacer poesía es* (2015) und Koautor von etwa dreißig Anthologien (1997-2015); er arbeitet als Mitglied literarischer Jurys bei zahlreichen Lyrikwettbewerben und hat mehrere Artikel, Essays und journalistische Chroniken in verschiedenen soziopolitischen und gewerkschaftlichen Zeitschriften veröffentlicht, nationalen sowie auch internationalen. Zudem war er Autor einiger Protestlieder aus den Jahren 1960-1970. Andoni definiert sein Buch *Hacer poesía, es...* (Lyrik zu schreiben ist...) als didaktisch-praktisches Werk über Lyrik und lyrisch-soziale Philosophie in einem Kontext von *regressiver Kunst*.

E-mail: alrosoler@hotmail.com
Traductora: Annika Sterk (Hannover, Alemania – Madrid)

Prekariat des Schweigens

Schweigen der Gezeiten ohne Stimme,
nicht bewusstloses Schweigen
wie ein Gewitter, das
eine Verneinung meiner Worte widerlegte,
den Verfall meiner Wut;
oder eine Welt, in welcher ich bereits ein Vermisster mehr gewesen bin...,
einer dieser Toten aus der Subsahara.

Wechselhaftes Meer! „Unser Meer"!
und „vielfältiger Fluss" in deiner Gischt.
Feste Schläfen in deinem Lied des Natriums!...
Ausgedehnte Mutter des toten Minerals,
heute trägst du bis an deinen Strand,
das was von uns übrig bleibt, von meinem Hass;
oder was von allen übrig bleibt.
Die Zweifel auflösen ist die große Herausforderung.
Andernfalls: Tötet uns!
Tötet uns, die Besitzer_innen der Gedanken!
Die, welche wir die großen Strahlen des ersten Lichts vereinen,
wir verkürzen die Nächte und dehnen den Tagesanbruch aus,
um morgen unsere Kinder zu ernähren;
und wir lieben uns...,nach der Müdigkeit!...

Es werden unsere Enkel sein, die den "Frühling" eröffnen;
und die Schande erkennen...

Aber sie werden nicht mehr Wunden lecken,
und auch nicht an Scham leiden...
noch werden sie ihren Rücken bedecken
mit dem entmutigendem Umhang von ihrem "Herrn".

Die "Taube" hätte nicht getötet werden sollen
auf dieser Erde der schlechten Verheißung;
Weder sollte es gelten den Verlust des Gesäten zu feiern,

190

noch diejenigen zu verehren, die sich herausputzen;
Auch der Wolf hätte nicht beleidigt werden sollen,
auf dieser Welt,
die so sehr die Einstellung des Affen preist.

Oh, Meer! Vielfältige und uralte Gezeiten,
Diastole-Systole und Uhr-Alarm für unser Aufwachen!...

In meinem Geschlecht singend!...,
und mit meinen Zähnen zermahle ich jene, die dich nicht ehren!
So ist es mit dir, mein "einzigartiges-Ich", der über dich spricht:

Meer! Bewohntes Meer von Öl und Phosphaten,
von ertrunkener Freiheit; von Liedern
mit zerbrochenem Schrei gegen deine Ufer,
welche seltenerweise die Stimme einer Meerjungfrau war!

...Brich dieses Schweigen zusammen mit mir!
und hebe deine Mondwellen
an diesen Tagen, in welchen die Schlangen der EU
Freude daran hätte, wenn unser Lied verstummen würde!...

...Oh wir werden gestrandet bleiben auf deinem Grund des
[Schweigens!,
um letztendlich umarmt zu sein mit deiner vollkommen
[Einsamkeit,
ohne zu wissen, ob es die Mühe Wert war so viel gekämpft zu
[haben!

Das Gedicht ist an alle Dichter_innen des „20. Treffen der
deutsch-lateinamerikanisch-spanischen Dichtung" (Berlin 2016)
gewidmet; und ganz besonders an ELISABETH HACKEL,
CHARLOTTE GRASNICK und HELMUT SÖRGEL, von

denen wir so viel lernen durften und die wir immer in unserer Erinnerung behalten werden:

Das es kein Weinen sei, die Wolke und die Welt, in ihrem Inneren;
Das es kein mit Donner erfüllter Himmel sei.

Singen an der Küste in der Ferne, vor dem düsteren Gewitter;
vor der Torheit der Zeit und seiner widerwärtigen Gemeinheit.

und dass die leeren Augenblicke nicht ihre Körper markieren...
dass die Narben, die euch zeichneten, die lebendige Herkunft sein,
die euch heute als Gegner_innen offenbaren, der großen Waffe.

Für ihre Angehörigen, Freund_innen, um mit unserem Schrei den Horizont zu erweitern und Helligkeit der Gedichte zu säen in seinem Dämmerlicht.

Precariado de silencios

Silencios de mareas sin gargantas,
silencios no inconscientes
como una tormenta que desmintiera
una negación de mi palabra,
un vencimiento de mi rabia;
o un mundo en el que yo ya fuera
un desaparecido más…,
aquel subsahariano muerto.

¡Mar variable, "Mar Nuestro"
y "Río Múltiple" en tus espumas;
sólidas sienes en tu canción del sodio…!
Madre extensa del mineral yerto
que hoy llevas hasta tus playas
lo que resta de nosotros, de mi odio;
o cuanto queda de todos.

Desmarañar la duda es el gran reto.
De otro modo: ¡Matadnos!...

¡Matadnos a los poseedores del pensar…!
¡A quienes reunimos grandes haces de luz primera,
reducimos las noches
y aventamos madrugadas,
para alimentar mañanas a nuestros hijos;
y hacemos el amor…, después del cansancio…!

Serán nuestros nietos quienes abran "Primaveras";
y conocerán el carnaval de la infamia…

Pero ya no lamerán heridas,
ni padecerán vergüenza…
Ni cubrirán su espalda
con la capa desoladora de vuestro "don".

No había que haber matado a la "paloma"
en esta tierra de mal agüero;
ni celebrar la desdicha de la siembra,
ni adorar a los que se orlan;
tampoco haber ofendido al lobo,
en este mundo
que tanto pondera la actitud del mono.

¡Oh, Mar, marea múltiple y primigenia,
diástole-sístole y reloj-alarma en nuestro despertar...!

¡En mi sexo cantando...,
y en mis dientes asiendo a quien no te celebra!
Así es contigo, mi "yo-único", quien te mienta:

¡Mar, Mar poblada de "fosfo-yesos" y fosfatos,
de ahogadas libertades; de canciones
con el grito estrellado contra tus riberas,
que escasas veces fueron voces de sirena!

...¡Rompe este silencio junto a mí,
y alza tus crestas lunares
en estos días en que las sierpes de la UE
obtendrían placer si callara nuestro canto...!

...¡O quedaremos varados en tu lecho de silencios,
para terminar abrazados a tu total desnudez,
sin saber si honra haber tenido que luchar tanto!

Poema dedicado a todos los POETAS de la 'XX Cita de la Poe-
sía Alemana-Latinoamericana-Ibérica' (Berlín-2016); y, de forma
muy especial, a ELISABETH HACKEL, CHARLOTTE GRAS-
NICK y HARTMUT SÖRGEL, de quienes tanto pudimos apren-
der y que siempre llevaremos en nuestra memoria:

Que no sea un llanto la nube y el mundo, en sus gargantas;
que no sea, como un cielo de truenos empedrado.
Cantar al litoral en la lejanía, ante la tormenta parda;
ante la necedad del tiempo, y su enojosa infamia.

Y que no señalen sus cuerpos los instantes blancos...
Que las cicatrices que os marcaron, sean el vivo abolengo
que hoy os proclame adversarios, de la gran arma.

A sus familiares y amigos, para ensanchar con nuestro grito el horizonte y sembrar una luz de poemas en sus penumbras.

La sombra del devenir estático

Andoni K. Ros Soler

ANTONIO RUIZ PASCUAL

Antonio Ruiz Pascual es poeta y coordinador de eventos, es Presidente del colectivo de artistas Arte Total, miembro del Consejo Coordinador Internacional de Poetas de la Tierra y Amigos de la Poesía (POETAP), Vocal de Cultura de la Federación Estatal de Asociaciones de Inmigrantes y Refugiados en España (FERINE), organizador del V Congreso Internacional de METAPOESÍA y miembro de la Asociación Peruana RUNATAKI. Participa en el programa de Radio Vallecas Voces de Latinoamérica (RVK, FM.107,5), en su sección "El Rincón de la Poesía" (sábados, 3.h.PM). Ha publicado *Perú en el roce de tus labios* (poesía) y ha participado en 17 antologías poéticas nacionales e internacionales.

Antonio Ruiz Pascual, es Dichter und Event-Koordinator, Vorsitzender des Küstler_innenkollektivs Arte total, Ratsmitglied der internationalen Nichtregierungsorganisation POETAP, Kulturbeauftragter des staatlichen Bundes der Vereinigung der Immigranten und Flüchtlinge in Spanien (FERINE), Veranstalter des fünften internationalen Kongresses der Metapoesía; Mitglied der peruanischen Vereinigung RUNATAKI und Sprecher des Radiosenders Radio Vallecas, Stimmen aus Lateinamerika (RVK, FM.107,5) mit seinem Radioprogramm *Poesieecke* (Samstags um 15Uhr). Er veröffentlichte ein Gedichtband mit dem Titel *Peru in der Berührung deiner Lippen* und hat an 17 nationalen und internationalen Lyrik-Anthologien mitgearbeitet.

E-mail: poetantonioruizpascual@gmail.com
Blog: http://antonioruizpascual.blogspot.com
Traductora: Annika Sterk (Hannover, Alemania – Madrid)

Der Mensch erhebt sich vom Boden

Besiegt erhebt sich der Mensch vom Boden
mit den alten Geschichten übergebend an die Sterne;
mit der Metapher im Stein und dem Bewusstsein verloren,
erhebt er sich nackt seine Brust zeigend;
sein verletzter Zorn, aber Don Quichotte gleichend,
bereit zum Kampf, ohne Rüstung,
ohne Angst vor Schießpulver,
seine Geste ist nicht selbstmörderisch,
das Herz arbeitet, Schatten der Eiche,
mit einem gewöhnlichen Christus, den sie nicht kreuzigen,
der nicht Gott ist;
ein Mensch ohne Krone, umgeben von Stacheln,
mit Schlägen,
wischen sie dem gezähmten Tier den Schweiß ab,
eines Stummfilmes,
und schreit so, als ob es das Gebrüll eines Ochsen wäre,
schreit so, als ob er ums Neue den Unterleib seiner Mutter verließe.
Er erhebt sich mitsamt dem Kadaver seines Bruders
und die toten Städte,
Er wird sich nicht ein weiteres Mal besiegen lassen,
auch wenn sie ihm alle Dämonie aufhalsen,
alle Ratten, die in den Schatten wohnen,
er ist gekommen um zu siegen,
um erneut die Straßen entlang zu gehen...

Ah, wer könnte ihn aufhalten!
Er befindet sich mit auf dem Boden geworfener Kleidung,
mit seinen bloßen Händen,
um seine Mörder zu besiegen,
diese, die Arbeitsreformen erzeugen,
die das Leben stehlen, die Würde und die Arbeit;
der arbeitende Mensch erhebt sich,
die Idee erweckend,

mit der Verflechtung der Zeit,
kam er um zu besiegen mit einer grenzenlosen Kraft,
begleitend von Studierenden, die als Feinde behandelt wurden,
von Professor_innen, die mit Mühe Wörter suchen,
Ärzt_innen, die auf den Fluren mit dem Tod spielen,
Menschen ohne zu Hause, mit dem Profil Richtung der Fenster,
von Migrant_innen ohne Papiere, Besitzer_innen ihrer
                                                    [Horizonte,
sie können nicht zurück; sie schreiten voran, immer voran,
die Schatten verjagend
und die Mauer gerissen aus dem Felsen.

El hombre se levanta del suelo vencido

El hombre se levanta del suelo vencido
con las viejas historias entregadas a los astros
con la metáfora en la piedra y la conciencia desolada
se levanta desnudo mostrando sus pectorales,
su rabia dolida pero quijotesca
dispuesto a la lucha, sin armadura
sin miedo a la pólvora
su gesto no es suicida
consume corazón, sombra de roble
como un Cristo cotidiano que no se crucifica
que no es Dios,
un hombre sin corona rodeado de espinas
que a golpe
se arranca el sudor de animal domesticado
de película muda
y grita como si fuera un buey con su mugido
grita como si saliera otra vez del vientre de la madre
se levanta con el cadáver de su hermano
y las ciudades muertas
no se dejará vencer de nuevo
aunque le lancen afuera todos los demonios
todas las ratas que viven en las sombras
ha venido a vencer
a transitar de nuevo las calles
¡Ay de quien le ponga freno!
Se encontrará con la ropa tirada por el suelo
con sus manos desnudas
para vencer a sus asesinos
esos que fabrican reformas laborales
que roban la vida, la dignidad y el trabajo
el hombre obrero se levanta
despertando a la idea
con la trama del tiempo
ha venido a vencer con una fuerza desmesurada

acompañado de estudiantes tratados de enemigos
de profesores arañando las palabras
médicos jugando en los pasillos con la muerte
hombres sin casas, con el perfil en las ventanas
de emigrantes sin papeles dueños de su horizonte
no tiene retorno, y avanza, siempre avanza
espantando las sombras
y los muros arrancados a las rocas.

astrid SALZMANN

Geboren 1960 in Dresden, seit 1979 im Literaturzirkel des *Neuen Deutschland* (heute Friedrichshainer Autorenkreis) Diplom – Chemikerin. Durch die feindliche Übernahme 1990 arbeitslos, jetzt Bestatterin, linke Antikapitalistin, Hobbys: dichten, malen, wandern, schwimmen, klettern, segeln, fliegen.

Nació en 1960 en Dresde, desde 1979 participa en el Círculo de Literatura del periódico *Neues Deutschland* (ahora, Círculo de Autores de Friedrichshain). Es ingeniera química y, a partir de la Reunificación Alemana (1990), dejó este trabajo. Ahora es enterradora y anticapitalista de izquierda. Sus aficiones son: escribir poemas, pintar, hacer senderismo, nadar, escalar, navegar a vela y volar.

Traductores: Bárbara Krüger de Quevedo y José Pablo Quevedo (Berlín, Alemania).

Para la guerra nada...

I.

Para los pintores todos los colores
Para los veleros buenos vientos
Para los campesinos gavillas gordas
y cachorros para los osos pandas

Aguas claras para los nadadores
Para el piloto una suave brisa
Para el concierto un auditorio lleno
Y para mí un peinado bonito

Puras rimas para los poetas
Montañas para la mujer caminante
Para el entendimiento la claridad
Para grandes ojos un pavo real

Para la guerra - ¡nada!

(AS 30/08/2014)

II.

Para los pies buenos zapatos
Para el cuerpo un vestido
Para los cansados una siesta
y para la flor un avejorro

Para los soñadores largas noches
Para el cantante el escenario
Para los niños el derecho al voto
y a los padres el cariño de sus hijos

204

Para mis libros un estante
Para cada respuesta una pregunta
Para el pensamiento libre y franco
la paz en el ahora y el futuro

Para la guerra - ¡nada!

(AS 30/08/2014)

III.

Para los Snowdens un asilo
y para todos los desertores
que abandonan el cálculo de la muerte
del servicio secreto y de los que arriesgan la guerra

Para la guerra - ¡nada!

(AS 31/08/2014)

Für den Krieg – rein gar nichts!

I.

Für die Maler alle Farben
Für die Segler mächtig Wind
Für die Bauern dicke Garben
und dem Pandapaar ein Kind

Saubres Wasser für die Schwimmer
Für die Flieger leichten Fön
Für's Konzert ein volles Zimmer
und für mich die Haare schön

Reine Reime für die Dichter
Berge für die Wandersfrau
Für den Durchblick helle Lichter
Für große Augen einen Pfau

Für den Krieg – rein gar nichts!

(AS 30/08/2014)

II.

Für die Füße gute Schuhe
Für den Korpus einen Fummel
Für müde Menschen Mittagsruhe
und der Blüte eine Hummel

Für die Träumer lange Nächte
Für den Sänger einen Gig
Für die Kinder Wählerrechte
und den Eltern Kinderblick

Für meine Bücher einen Schrank
Jeder Antwort eine Frage
Für die Gedanken frei und frank
Frieden jetzt und alle Tage

Für den Krieg – rein gar nichts!

(AS 30/08/2014)

III.

Für die Snowdens ein Asyl
und für alle Deserteure
die kündigen dem Mordkalkül
der Geheimdienst- und Kriegshasardeure

Für den Krieg – rein gar nichts!

(AS 31/08/2014)

30/01/2014

Abel Barcenilla Yanguas (Euskadi)

ELSYE SUQUILANDIA

Sie beginnt bereits mit sechs Jahren (1979, Quito, Ecuador). Geschichten zu verfassen. entdeckt früh ihre Begeisterung am Scheiben und studiert Film- und Fernsehregie am Columbia College, Chicago und dem Institute Cuest TV in Quito. Nach dem Studium widmet sie sich der Produktion zahlreicher Kurzfilme und Dokumentationen, veröffentlicht Kurzge-schichten, Gedichte, Gedichte mit Musik, und ein Kinderbuch und arbeitet als Dozentin für Regie. Seit 2008 macht sie als Autorin und Performerin im „Kollektiv Dunckerstraße" die Literaturszene Berlins unsicher. In ihren oft surrealen Per-formances vermischen sich ihre zahlreichen Begabungen, Mehrsprachigkeit und exzentrischer Humor zu etwas, das sie selbst als *experimental techno poetry* charakterisiert.

Nació en 1979 en Quito (Ecuador). Ya a los seis años empieza a escribir cuentos. Descubre su interés en escribir y estudia dirección de cine y televisión en el Columbia College, Chicago y en el Institute Cuest TV en Quito. Después de los estudios se dedica a la producción de varios cortometrajes y documen-tales, publica cuentos breves, poesías, poesías con música y un libro para niños y trabaja como docente de dirección artística. Desde 2008 se presenta en la escena literaria en el Colectivo Dunckerstrasse Berlín como autora y haciendo performances. En estas performances, muchas veces surrealistas, se mezclan sus talentos polifacéticos y su humor excéntrico en algo que ella misma caracteriza como *experimental techno poetry*. Habla varias lenguas, lo que influye también en su obra.

E-mail: dalicine@yahoo.com
Blog: https://rukisuky.wordpress.com/
Traducción de la propia autora.

Berlín Bolita de cristal

Berlín Bolita de cristal
Mundo paralelo sin pensar
Berlín Bolita de cristal
es donde quiero yo estar

Berlín Bolita de cristal
cristal mis acciones
cristal mis iluisones
cristal mi naríz
cristal mi zapatitos

ella es cenicienta de *spätti*, donde pierdo mi zapatito de cristal

Berlín Bolita de cristal
se un *praktikant*

Parece que estoy dormida
y de este sueño
no quiero despertar

Berlín bolita de cristal
es donde quiero yo estar

y el niño jamás recogió la bolita de crsital
que su papá le regaló alguna Navidad
está en el *keller* de los olvidos
y es así como Berlínbolita de cristal nació.

Glaskugel Berlín

Glaskugel Berlín
Parallelwelt ganz ohne Bedenken
nur hier möchte ich sein

Glaskugel Berlín
Gläsern meine Taten
Gläsern meine Hoffnung
Gläsern meine Nase
Gläsern meine Schuhe

sie ist das Aschenputtel vom Späti, wo ich meinen gläsernen
Schuh verliere

Glaskugel Berlín
sei ein Praktikant

Es ist, als würde ich schlafen
und ich will nicht
aus diesem Traum erwachen

Glaskugel Berlín
hier möchte ich sein

und das Kind wollte sie nie hervorholen,
die Glaskugel zu Weihnachten
die der Vater ihm hatte schenken wollen

sie liegt im Vergessenskeller bei den Kohlen
und so wurde die Glaskugel Berlín geboren.

Poeta Desnudo (versión de zapateo)

Descubrí que:
llevaba cada día un arnés
un arnés de policía
de policía?

No me gustaba esa extraña sensación
de sentirme policía

Me escapé recientemente de ese arnés de policía,
y fui feliz como mariposa en la nariz de Kinsky
como mariposa en la nariz de Kinsky
Kinsky

sentí la pureza de los destilados campos
donde las cucarachas suelen dar sus tertulias
sentí que jamás fui policía
sentí absoluta libertad
alivio absoluto
pese a que tengo un arnés,
sentí que siempre fui y jamás dejé de ser un POETA DESNUDO
de ser un POETA DESNUDO
POETA DESNUDO
POETA DESNUDO

con los ojos, los sentidos y los bailes de los dedos

Nackter Dichter (Version zum Stampfen)

Nackter Dichter
Nackter Dichter
Ich weiß jetzt:

Nackter Dichter
Nackter Dichter

Ich weiß jetzt:
dass ich jeden Tag einen
Polizeiharnisch trug
Polizei-?

Es gefiel mir gar nicht
mich wie Polizei zu fühlen

kürzlich bin ich aus dem Polizeiharnisch geflüchtet,
und war glücklich wie ein Schmetterling auf der Nase von
Kinsky
ein Schmetterling auf der Nase von Kinsky
Kinsky

ich spürte die Reinheit der destillierten Felder,
wo die Schaben immer ihren Stammtisch abhalten
ich spürte, dass ich niemals Polizei war

ich spürte völlige Freiheit
völlige Erleichterung

ich spürte, dass ich niemals aufgehört hatte, NACKTER
DICHTER zu sein und es immer sein würde
immer NACKTER DICHTER
immer NACKTER DICHTER

mit den Augen, den Sinnen, dem Tanz meiner Finger

Mariposas

Halma Y. Luján (México)

FRANCISCO VAQUERO

Francisco Vaquero Sánchez, nace en Pinos Puente, Granada (Andalucía,-España, 1954). Articulista, ensayista y poeta con amplia obra publicada y traducida. Durante más de una década fue actor y director de teatro. Experto investigador de la vida y obra de Federico García Lorca, es Director-Coordinador de Actividades Culturales en la Casa-Museo del genial poeta y dramaturgo en Valderrubio (Granada). Fundador y Presidente, desde 1998, de la Asociación Cultural Tertulias Lorquianas con sede en la misma Casa. Forma parte del Consejo Coordinador Internacional de POETAP, Organización Mundial de Poetas y Amigos de la Poesía.

Francisco Vaquero Sánchez, Geboren 1954 in Pino Puente, Granada (Spanien). Artikelschreiber, Essayist und Dichter mit einem breiten Feld an veröffentlichten und übersetzten Werken. Über ein Jahrzehnt war er Schauspieler und Theaterregisseur. Kenntnisreicher Forscher über das Leben und die Werke von Federico García Lorca, er ist Direktor und Koordinator der kulturellen Aktivitäten in dem Museum und Haus des genialen Dichters Lorcas und Dramaturg in Valderrubio (Granada). Begründer und Vorsitzender seit 1998 des kulturellen Vereins Gesprächskreis über Federico García Lorca. Er ist Mitglied der internationalen Ratsversammlung des Vereins POETAP (Dichter der Erde und Freunde der Poesie).

E-mail: franciscovaquerosanchez@gmail.com
Traductora: Annika Sterk (Hannover, Alemania – Madrid)

I. Wo dein Wort in dieser Nacht

*"Aber deine Stimme wandert verletzt in jeder Brise
und auf jeden sanften Boden empfangen dich die Tränen,
immer noch betet ein Donner der Tyrannen und Dollar
über den ausgebreiteten Flug der armen Völker."*
(*Pueblos Hispanos.* Julia De Burgos)

Uns bleibt keine weitere Möglichkeit, anzuzeigen,
als die Reisenden zu sein des Kampfes mit Waffen aus Wünschen.
Ich kenne die Dichter_innen, die die Ruhe lieben
und ihre Tage vollenden in der schlimmsten aller Blindheiten.
Ich kenne diese sich irrenden Gestalten hinter einem Glas
guten Weines, die ihre Gespräche ausfüllen mit gewissenslosen,
erbärmlichen Konzepten von den benachteiligten Völker über
[jene,
die ihnen die eigene Identität zerstören.

Und du Dichter_in...Wo dein Wort in dieser Nacht.

Ich streckte mich hinaus aus dem Aussichtspunkt des Paradises
um das Bild des Glücks zu betrachten.
Neben dem erinnerungsträchtigem Wasser der Coca und des
[Regens,
hast du dich an meiner Taille festgehalten.
Stell dir den Regen vor und dein Blick, vereint
in dem störendem Rhythmus von einer äußerst wilden Salsa.

Ein wenig weiter unten, geschaffen von dem Yunque[1]
zwischen Blumenkuppen,
Oh! Aussichtspunkt des Erstaunens:
Wälder wie Seen aus Smaragd
wo Flüsse fließen und Städte auftauchen.
Weiter in der Ferne, die Zuckerrohrfelder,
die Landgüter der Kaffeeplantagen, der Bananen, der
[Bananenstauden

Und noch weiter in der Ferne, oh! Erstaunen,
das Meer der Jahre.
Das Meer der Seufzer.
Das Meer der Schiffbrüchigen.
Wir strecken uns aus dem Aussichtspunkt des Paradieses heraus,
und heben die Arme wie Windfahnen, Freund_innen.

Welcher Frieden in der letzten Asche
und welcher Kampf mit dem Knisterns des Feuers
zu seinem Anfang!

Und du Dichter_in...wo dein Wort in dieser Nacht.

I. Dónde tu palabra en esta noche

Pero tu voz camina herida en cada brisa
y en cada suelo manso te reciben las lágrimas,
todavía reza un trueno de tiranos y dólares
sobre el vuelo tendido de las tímidas patrias.
(Pueblos Hispanos. Julia De Burgos)

No nos queda más pasaje, por denuncia,
que ser viajeros de lucha con armas de deseo.
Yo sé de los poetas que aman la tranquilidad
y concluyen sus días en la más terrible de las cegueras.
Yo sé de las presncias equivocadas tras una copa
de buen vino, y que van ocupando sus conversaciones
con desalmados conceptos lastimosos
de los pueblos desheredados a los que les destruyen
su propia identidad.

Y tú poeta… Dónde la palabra en esta noche.

Me asomé al mirador del paraíso
a contemplar la imagen de la dicha.
Junto al agua evocadora de la Coca
y de la lluvia, te cogiste a mi cintura.
Imagina la lluvia y tu mirada, unidas
al ritmo turbador de la salsa más *boricua.*

Un poco más abajo, forjado por El Yunque,
entre cumbres florales,
¡oh!, mirador de los asombros:
bosques como lagos de esmeraldas
por donde corren los ríos y surgen las ciudades.
Más allá, los campos de cañas de azúcar,
las haciendas de cafetales, las bananas, los plataneros…

Y aún más allá, ¡oh!, asombro,
el mar de las edades.
El mar de los suspiros.
El mar de los naufragios.
Nos asomamos al mirador del paraíso y alzamos
los brazos como veletas, amigos.

¡Qué paz en la ceniza del final
y qué lucha con el crepitar del fuego
en su comienzo!

Y tú poeta... dónde tu palabra en esta noche.

FRANK WEGNER-BÜTTNER

Geboren 1955 in Leipzig, Diplomphilosoph, studierte Theaterwissenschaft und Philosophie. Er arbeitete einige Jahre als Regieassistent und Regisseur an verschiedenen DDR-Theatern.Derzeit ist er verantwortlicher Mitarbeiter im Kunstverleih Treptow-Köpenick (Artothek) beim Bezirksamt Treptow-Köpenick von Berlin/Amt für Weiterbildung und Kultur /Fachbereich Kultur und Museum. Seit 1987 ist er Mitglied im Köpenicker Lyrikseminar/ Lesebühne der Kulturen Berlin-Adlershof unter der Leitung des Dichters Ulrich Grasnick. Veröffentlichungen in den Anthologien *Inselfenster 3*, *Seltenes spüren* und im Rahmen der *Cita de la Poesía: Berlin-Latinoamérica*.

Nació en 1955 en Leipzig, cursó estudios de la Ciencia del Teatro y de Filosofía. Trabajó algunos años como asistente de director y fue director en diversos teatros de la ex RDA. Ahora es colaborador en el departamento del Préstamo de Obras de Arte (Artotheca) en la Administración del distrito Berlín – Treptow-Köpenick, responsable también de cultura y museos y cursos de perfeccionamiento. Desde 1987 es miembro del Seminario Lírico de Köpernick y de la Tribuna de Lecturas para las Culturas de Adlershof. Ha publicado en las antologías *Inselfenster 3*, *Seltenes spüren* y en el marco de la *Cita de la Poesía: Berlín-Latinoamérica*.

Traductores: Bárbara Krüger de Quevedo y José Pablo Quevedo (Berlín, Alemania).

En el país de los canguros

Un rojo encendido es la piedra.
En el calor del mediodía
estoy cansado por el parpadear.
En el Outback no hay sueño.
A ningún aborigen se le ve.

Después de días, de repente
ellos me miran a la cara,
las bolsas llenas de reyezuelos.

Nuestros noctámbulos
vienen al atardecer.
Ellos, hambrientos de hierbas,
son tímidos y huyen a la luz
      cuidando sus pastos,
      enemigos de los rancheros.

Im Känguruland

Glutrot der Stein.
In der Mittagshitze
vom Blinzeln müde.
Im Outback kein Schlaf.
Kein Aborigine weit und breit.

Nach Tagen plötzlich
schauen sie mir ins Gesicht,
einige Beutel voll Goldhälse.

Unsere Nachtschwärmer
kommen in der Dämmerung.
Hungrig nach Gras,
lichtscheu und ängstlich
      bewachen sie ihre Weiden,
      Feinde der Farmer.

Dar crédito con los ojos

Para E. S.

Tu amuleto de ámbar,
un vidrio ustorio sobre tu piel.
Despacio levanto mi cabeza
y te miro a la cara.

Allí veo
ojos sin malicia,
labios sin mentiras.

Casi avergonzada
cierras tus párpados.
Tu breve suspiro
alegra mi corazón.

Augentreu

für E. S.

Dein Bernsteinamulett-
ein Brennglas auf deiner Haut.
Langsam hebe ich meinen Kopf
und schau dir ins Gesicht.

Dort sehe ich
Augen ohne Arglist,
Lippen ohne Lüge.

Fast schamvoll
schließt du deine Lider.
Dein kurzer Seufzer
erfreut mein Herz.

ÍNDICE